<창세기 1장 읽기>

The Death of God and Zombie Theology

신죽음과 좀비신학

김 창 호 지음

예 랑

신 죽음과 좀비 신학 *(창세기 1장 읽기)*
The Death of God and Zombie Theology

지은이 _ 김창호
초판 1쇄 _ 2025.11.10
발행처 _ 도서출판 예랑
발행인 _ 김창호
등록번호 _ 제 11-390 호 1994년 7월 22일
주소 _ 경기도 의왕시 왕곡로 55. 103-1102호
전화 _ 010-2211-4111
E-mail _ thailo@hanmail.net
총판 _ 하늘유통 031-947-9753
Youtube.com/@biblelogos
http://cafe.daum.net/entebiblo
종이책 ISBN 978-89-88137-32-1 03100
E-book 978-89-88137-33-8   05100
정가 _ **16.000원** ⓒ김창호 2025
본 저작물에 대한 무단 복제와 무단 전재를 금합니다.

잘못된 책은 교환해 드립니다.

신 죽음과 좀비 신학

목 차

들어가는 말 • 6
하늘과 땅의 창조 • 13
성서가 말하는 땅 • 32
바람이 분다 • 40
2절의 중요 개념들 • 53
빛이 있으라-첫째 날 • 61
윗물과 아랫물-둘째 날 • 68
뭍이 드러나는 이야기-셋째 날 • 75

86 • 위를 비추는 마음의 하늘-넷째 날

100 • 빛אוֹר, φῶς과 바람רוּחַ,πνεῦμα의 서사-다섯째 날

113 • 말문-여섯째 날 1

129 • 형상과 모양 그리고 '씨 알'의 양식-여섯째 날 2

142 • 남자와 여자 그리고 안식-일곱째 날

151 • 야훼יהוה와 하야היה, 그리고 아바אבא

161 • 신 죽음과 좀비 신학

176 • 메타노에오와 회개의 본래 의미

들어가는 말

창세기 1장 읽기의 기존 전통은 어거스틴과 토마스아퀴나스의 신학 토대 위의 가톨릭은 물론이요, 개신교의 초조인 루터의 이신칭의론 및 칼뱅의 기독교강요의 신학 체계가 창세기 1장 읽기의 상징질서 저변에 자리 잡고 있습니다. 신학적 기표와 기의의 연쇄 사슬의 바탕에서 창세기 읽기를 하고 있습니다.

거대한 종교 시스템의 연쇄 사슬을 이루고 있는 기존 언어의 틈새가 수없이 보입니다. 본서는 전통의 상징 체계의 사슬을 이루고 있는 개념들, 기존의 전통적 해석 체계에서의 일탈과 해체를 시도합니다. 왜냐하면 우상의 신학 아래서 형성된 해석 체계이기 때문입니다. 이 책은 비록 창세기 1장 읽기이지만 기존의 성서 읽기 방식에 대한 전면 재검토 요청을 담고 있습니다. 궤변과 터무니없는 몽상의 창세기 읽기로 치부되겠지만, 어느 시대나 기존 체계에 대한 강력한 이의 제기는 있게 마련입니다. 벌거숭이 임금님의 우화에 나오는 어린 아이처럼 허위의 해석 체계에 대해 이의를 제기합니다.

그리스 신화를 팩트로 읽는 독자가 있던가요? 누가 고양이 목에 방울을 달 것인가. 창세기 1장은 신화적 이야기로 읽는 것이 타당한가. 벌거숭이 임금님 주변의 간신들은 펄쩍 뛸 것입니다. 이야기 관점에서 다시 읽어보면, 무궁무진합니다. 영감의 보물 창고입니다. 해석의 다양성은 혼란의 부추김이 아니라 생명의 풍성함이라는 것을 알게 될 것입니다. 다양한 프리즘을 통해 다양한 색깔이 드러나게 하려면 전통적 해석의 감옥에서 풀어 놓아야 합니다. 창세기 1장은 영감의 원형적 보고寶庫입니다.

법정의 판사 앞에서 천동설이 맞다고 증언하고 나오면서, 그래도 지구는 돈다고 했던 갈릴레오의 유명한 일화! 성서무오설과 유기적 영감설로 중무장한 근본주의 법정에 서게 되면, 창조 설화, 신화적 이야기는 목 베임 당할 것입니다. 그래도 이야기가 이야기이지 뭐란 말인가요. 이야기를 팩트로 믿어야 한다는 저 무지막지한 근본주의 폭력에 인류가 얼마나 시달렸는지를 생각하면 오금이 저립니다.

본 창세기 1장 읽기는 기존의 글쓰기 방식을 벗어나 강론 화법으로 서술하였습니다. 본서의 내용은 수년 전 영상으로 제작된 바 있습니다. 녹취 후 교열 교정 형태로 다시 정돈하였습니다. 유튜브에 업로드된 동영상을 참고하면 의도하는 바에 더 쉽게 접근할 수 있습니다.

창세기 1장 읽기는 성서의 첫 단추입니다. 요한계시록은 마지막 단추입니다. 창세기가 성서 이야기의 알파라면 요한계시록은 오메가인 셈입니다. 첫 단추를 잘못 끼우면 마지막 단추도 엇나가게 되어 있습니다. 창세기 1장 읽기가 요한계시록 읽기의 성격을 결정짓습니다. 중간에 나오는 이야기를 읽는 방식을 규정하는 것도 매한가지입니다.

"무엇이라 기록되었으며 어떻게 읽느냐"는 물음은 예수가 어느 율법사에게 던진 질문입니다. 먼저 무엇이라 기록되어 있는지를 살펴야 합니다. 본문 비평의 영역입니다. 반면에 어떻게 읽느냐는 해석 영역입니다. 키다 חיה 와 마샬 משׁל! 키다는 감춘 것이고 마샬은 비유라는 뜻입니다. 비유는 감춘 것을 드러내는 방식이라고 시편 기자는 말합니다.^{시편 78편 참조}

어떻게 읽느냐는 감춘 것, 은폐된 것을 드러내는 방식입니다. 여전히 언어로 표현되기 때문에 그 또한 비유를 동원하게 마련입니다. 은폐된 것을 드러내는 비유가 발화시에는 서로 자명하게 소통됩니다. 세월이 흐르는 동안 자명한 진리는 더 이상 자명하지 않고 비유 자체가 수수께끼가 되고 더 깊이 은장(隱藏)됩니다. 칠일 창조 서사의 이야기로 감춘 것을 드러내려는 자명한 이치는 숨어버리고 "천지창조공사" 창업주의 홍보 책자로 전락해 버렸습니다.

창세기 1장의 창조 서사를 우주 만물 창조로 읽고 역사적 팩트로 읽으면 요한계시록은 자연스럽게 우주의 소멸과 우주 종말론으로 읽게 됩니다. 거기에는 위대한 우주의 창업자인 전지전능한 초월 신을 전제하게 됩니다. 예수는 이를 전복시킵니다. 그렇게 있는 초월 신은 거짓이고 미움이고 사람의 영혼을 살해하는 살인의 신이라고 유대교의 신을 탄핵하고 해체해 버립니다.요 8장 참조 작금의 기독교는 예수를 전면에 내세우고, 예수 그리스도를 종주宗主로 세우고 있지만, 예수의 가르침보다는 유대교의 전통을 좇고 있습니다. 첫 단추인 창세기 1장 읽기에서 판가름 되고 있습니다.

본서는 전통적인 창세기 1장 읽기의 도그마를 해체합니다. 창세기 1장은 성서의 다른 이야기들의 제1 원형입니다. 아르키 타입 archetype 입니다. 본서는 반복하여 제1 원형인 것을 드러낼 것입니다. 에덴 이야기는 제2 원형입니다. 모든 이야기는 이 두 이야기에 수렴되고 변주變奏 됩니다. 창조 서사를 해설하면서 때로는 논리적 서술보다는 문학적 상징의 비약이 있을 수 있습니다. 장점이자 단점으로 보일 수 있을 것이고 근본주의 시각에서는 매우 불편한 지점이 될 것입니다.

그럼에도 본서를 출간합니다. 이 같은 독법이 과연 가능한가. 성서를 이렇게 읽어도 될 것인가. 대답은 독자 각각의 몫이 될 것이고, 어떤 비판도 달게 받을 것입니다. 창세기 1장 이야기에 이어 '야훼와 하야 그리고 아바', '신 죽음과 좀비 신학', '메타노에오와 회개의 본래 의미'의 주제 글을 덧붙였습니다. 창세기 1장 읽기는 신 죽음과 새로 복권된 신의 관점으로 다시 읽어야 한다는 뜻에서 이 책의 제목으로 삼았습니다.

2025년 10월

하늘과 땅의 창조

בְּרֵאשִׁית בָּרָא אֱלֹהִים אֵת הַשָּׁמַיִם וְאֵת הָאָרֶץ:
태초에 하나님이 천지를 창조하시니라(창 1:1)

우리가 익히 아는 창세기 1장 1절, "태초에 하나님이 천지를 창조하시니라"는 구절은 그 위대하고 광활한 의미로 우리에게 각인됐습니다. 마치 우리 전통의 천자문 서두인 "하늘 천 따지, 검을 현 누를 황"처럼, 그 장엄함이 우리의 마음을 울리는 문장이라 할 수 있습니다. 천자문이 "천지현황天地玄黃"이요 하늘과 땅의 광대함을 시적으로 읊조리고, 이어서 우주 홍황宇宙洪荒하니 우주의 넓고 거친 시원을 이야기하듯, 창세기 1장 또한 그러한 방식으로 우리의 이해 속에 자리 잡았습니다. 이 두 고전 모두 우주의 시작과 존재의 근원에 대한 심오한 통찰을 담고 있음을 부인할 수 없을 것입니다.

하지만 원문 히브리어는 "베레쉬트 바라 엘로힘 에트 하샤마임 베하아레츠"입니다. 이를 "태초에 하나님이 천지를 창조하시니라"로 번역하면서, 사람들은 창세기 1장 1절부터 2장 3절에 이르는 칠일 창조 서사를 문자적으로 받아들여, 마치 아득한 옛날, 하나님께서 손수 망치질하시듯 칠 일 만에 하늘과 땅을 지으신 사건으로 받아들이게 됩니다. 이러한 해석은 대부분의 사람이 공감하는 바일 것입니다. 그리하여 우리가 믿는 하나님은 마치 '우주를 창업하신 위대한 창업주'와 같은 분으로, 우리는 그분의 위대하심을 찬양하는 '박수 부대'와 같은 존재로 간주하곤 합니다. 우리는 흔히 '내가 믿는 하나님은 이 우주 만물을 창조하신 분이니, 당신이 믿는 하나님과는 근본적으로 차원이 다르다'는 식의 자기 확신에 차 창세기 1장을 마치 하나님의 '이력서'나 '홍보 책자'처럼 읽어온 셈입니다. 이 속에서 하나님은 마치 '주식회사 하나님 나라'의 1대 창업주로서 무한한 능력을 갖추신 분으로 그려지며, 우리가 믿는 신앙의 대상이 곧 최고의 신임을 강조하는 근거로 사용되곤 합니다.

그러나 과연 이러한 방식으로 성경을 읽는 것이 온당한 일일까요? 우리는 단지 하나님께서 이 광대한 우주를 지으셨다는 사실에 경탄하며 박수나 쳐야 하는 존재에 불과할까요? 만일 그렇다면, 이 창조 이야기는 피조물인 우리가 창조주에게 무한한 경배를 바치라는 무의미한 잔소리로 전락하고 말 것입니다. 저는 이 대목에서 적잖은 아쉬움과 함께 일말의 분노마저 느낍니다. 이 이야기가 고작 그러한 해석에 그치며 그 의미를 상실해야 할까요? 아니면 창세기 1장은 도대체 어떤 이야기를 담고 있으며, 오늘날의 '나'와는 어떤 유기적인 연관성을 지니고 있을까요? 여기에 등장하는 '엘로힘'은 지금, 현재의 '나'와 어떤 식으로 관계 맺고 있을까요? 이러한 본질적인 물음을 우리는 스스로에게 던져보아야 할 것입니다.

그렇다면 성경은 대체 어떠한 서책이라 해야 할까요? 흔히 성경은 하나님의 성령 감동으로, 그 영감에 의해 기록된, 한 치의 오차도 없는 절대 진리로 통용됐습니다. 소위 신학교에서 가르치는 '유기적 영감설'이나 '기계적 영감설'처럼, 성경 저자들이 하나님의 영감을 받아 기계적으로 받아 적었거나, 혹은 그들의 삶 전체를 통해 유기적으로 하나님 말씀이 기록되었다는 견해들 말입니다. 이는 성경이 절대 오류가 없는 참 진리이기에 맹목적으로 믿어야 한다는 신념으로 이어지곤 합니다. 하지만 저는 이와 같은 신학적 논쟁에 굳이 천

착할 필요는 없다고 생각합니다. 하나님의 말씀은 그러한 이론들로 인해 보존되는 것이 아니기 때문입니다. 성서는 실로 무수한 '이야기'들로 충만한 서판입니다.

창세기 1장의 창조 서사를 비롯하여 에덴, 노아, 아브라함, 모세의 출애굽 이야기, 사사들의 이야기, 가나안 땅 이야기, 바벨론과 귀환 이야기, 그리고 사복음서와 사도행전, 요한계시록에 이르기까지, 바울 서신을 비롯한 일부 서신서를 제외한 모든 부분이 '이야기'의 형태를 띠고 있습니다. 이들은 이야기들이 모여 집대성된 서적입니다. 이야기의 형태를 지니지 않은 것을 찾아보기 어려울 정도로 성서는 서사적 구조를 깊이 내재하고 있습니다.

이야기는 이야기입니다. 그러나 그 이야기는 결코 하찮은 것이 아닙니다. 사람들이 모여 사는 곳이라면 어디든 이야기가 존재하며, 이야기가 없는 사회는 없습니다. 지리산의 골짜기마다 얽힌 신화들, 금강산 계곡과 선녀탕에 전해지는 설화들처럼, 모든 민족과 국가, 부족과 공동체에는 그들만의 이야기가 존재합니다. 중근동의 아랍 문화권이나 이스라엘 문화권 또한 예외가 아닙니다. 이야기는 큰 사건과 사고, 예를 들어

대홍수 같은 난리를 겪고 살아남은 자들에 의해 생성되고 전승됩니다. 노아의 이야기가 그러한 홍수 설화 중 하나이며, 고대 신화에서 창조 이야기가 없는 곳은 없습니다. 우리의 단군 신화 또한 창조 이야기의 일종이라 할 수 있을 것입니다.

단군 신화에서 곰이 사람이 되는 이야기, 박혁거세가 알에서 태어났다는 건국 신화처럼, 이 이야기들은 단순히 문자적 사실이라기보다는 깊은 함의를 지닙니다. 이들은 미개한 옛사람들이 지어낸 황당한 이야기가 아니라, 깨어 있는 정신, 즉 '얼'을 가진 이들의 영적 통찰을 비유적으로 표현한 것입니다. 세상에는 무수히 많은 이야기가 있지만, 모든 이야기가 후대에 전해지는 것은 아닙니다. 쓸데없는 이야기는 도태되고 사라집니다. 오직 '인간의 영성'을 담아낸 이야기, 즉 '얼이 박혀 있는 이야기'만이 세대를 넘어 전승되며 살아남습니다. 옛 시대에는 글이나 문자가 없었기에, 공동체의 가치와 삶의 방식을 전달하기 위해 이야기를 통해 전승하는 것이 유일한 방법이었습니다. 사람들은 이야기를 만드는 원초적 본능을 지니고 있으며, 그 이야기 속에 '얼'이 박혀 있을 때 비로소 오랜 시간 동안 전승될 수 있었던 것입니다. 가치 없는 이야기는 잠깐 맴돌다 사라지고 맙니다.

박혁거세 신화의 '알'은 결코 터무니없는 이야기가 아닙니다. '알'은 '얼'을 의미하며, 깨어 있는 정신을 지닌 사람만이 건국 신화의 주인공이 될 수 있습니다. 구전과 구송의 과정에서 얼은 얼마든지 알로 바뀔 수 있고, 거기에 신화적인 요소가 덧붙여 흥미를 유발하고 호기심을 자극하여 민간에 유통될 수 있습니다. 단순히 먹고 사는 것에만 연연한 사람이었다면 신라를 건국할 수 없었을 것입니다. 정신이 깨어 있는 상태, 즉 '얼'이 충만한 사람에게서 신라 건국의 영웅이 태어났다는 의미가 그 신화 속에 담겨 있는 것입니다. 이처럼 신화는 오늘날의 우리에게도 해석되어야 할 가치를 지니고 있습니다. 이를 그저 '쓸데없는 옛이야기'로 치부해 버린다면, 거기서 얻을 수 있는 것은 아무것도 없을 것입니다.

창세기 칠일 창조 이야기 또한 마찬가지입니다. 이 이야기가 오늘날까지 살아남아 성서에 편입될 만한 '가치'가 있었기에 존재합니다. '편수 과정'이란, 수많은 이야기 속에서 모세의 깨어 있는 영성을 통해 불필요한 군더더기는 걸러내고 '핵심', 즉 '얼이 박혀 있는 내용'만 채택되는 과정을 의미합니다. 이 이야기는 모세가 지어낸 것이 아닙니다. 이미 원시 시대에 '원시 복음'처럼 사람들에게 전승되던 이야기가, 모세의 영적인 필터링을 거쳐 오늘날 우리가 읽는 창세기 1장 칠일 창조 이야기로 정립된 것입니다. 중근동 지역에는 수많은 창조 이야기가 존재했지만, 유독 이 칠일 창조 이야기가 모세의 정화를 거쳐 모세오경의 맨 첫 책에 등장하고 있다는 사실은 매우 중요한 의미를 지닙니다.

그러므로 여기에 나오는 모든 이야기는 '비유'로 보아야 합니다. 그것은 우리의 '영성 여행'에 대한 비유이며, 곧 '얼이 박혀 있는 이야기'인 것입니다. 유기적 영감이나 기계적인 기록 방식을 가지고 말씀의 불변성이나 영원성을 신학적으로 논쟁하려 애쓸 필요는 없습니다. 이 텍스트가 오랜 시간 동안 살아남아 우리 앞에 전승되어 존재하고 있지 않습니까? 사람들이 부정하든 긍정하든 상관없이, 이 창조 서사가 우리 앞에 놓여 있다고 할 때, 우리는 과연 이 텍스트를 어떻게 읽어야 할까요?

이것을 '주식회사 하나님 나라'의 창업주 이력과 연혁沿革으로 읽을 것인가, 아니면 여기에 담겨 있는 '오늘 나의 이야기', 나의 영성에 대한 '새로운 창조의 이야기'로 읽어낼 것인가? 이것은 우리 각자의 몫입니다. 누구도 '이렇게 해라'라고 강요할 수 없는 선택인 것입니다.

  창세기 1장의 이야기가 성서의 맨 첫 장에 편집되어 박혀 있다는 것은 실로 대단한 의미를 지닙니다. 이 이야기가 오늘날의 우리에게 무엇을 말하고 있는가를 깊이 헤아려야 할 것입니다. 저는 이 이야기가 하나님을 홍보하는 연혁이나 홍보 책자라는 견해에 동의하지 않습니다. 왜냐하면 그러한 해석은 우리를 그저 '박수 부대 노예'로 전락시킬 뿐이기 때문입니다. 창세기 1장은 모든 성서 이야기의 '제1 원형'이라 할 수 있습니다. 에덴 이야기가 '제2 원형'이듯이 말입니다. 창세기 1장의 창조 이야기와 2장부터 나오는 에덴 이야기는 전혀 별개의 이야기입니다. 마치 노아의 이야기와 모세의 출애굽 이야기가 전혀 별개이듯이 말입니다. 전혀 별개의 이야기임에도 불구하고, 그 안에 관통하는 공통적인 영성의 맥락이 존재합니다.

  1장 1절 "베레쉬트 바라 엘로힘"에서 '베레쉬트 בְּרֵאשִׁית'를 '태초'라고 번역해 놓는 바람에 이 이야기는 하나님의 홍보 책자가 되어버린 감이 있습니다. 그러나 '베레쉬트'는 단순히 '태초', 즉 '시간의 아주 오래전 어느 때'를 지칭하는 개념이 아닙니다. 헬라어로는 '엔 아르케 Ἐν ἀρχῇ'에 해당하며, 요한복음 1장 1절 첫 두 단어가 바로 '엔 아르케'입니다. 거기도 '태초에'라고 번역되어 있지만, 요한계시록 3장 14절에서는 이 '아르케'를 '창조의 근본인 이가 가라사대'라고 표현합니다. 즉, '근본'을 '아르케 ἀρχῆ'라고 하는 것입니다. 요한계시록 3장 14절에서 말하는 '창조의 근본'은 바로 그리스도를 지칭하는 것이 아니겠습니까?

그렇다면 하나님은 하늘과 땅을 어디에서 창조하셨다는 이야기일까요? 바로 '바라' 했다는 것입니다. '근본 안에서' 하늘과 땅을 '바라' 했다는 이야기입니다. 그 '근본'을 어떻게 이해할 것인가는 더욱 심도 있는 논의가 필요하겠지만, 일차적으로 '근본'은 공간의 근본, 시간의 근본, 생명의 근본, 나아가 모든 우주 만물의 근원을 총체적으로 지칭하는 것입니다. 모든 것의 근원이며, 시간 또한 그 근원에 포함됩니다.

그러나 '태초에'라고 번역해 버리면, 이 광대한 '근본'의 의미를 100분의 1에도 미치지 못하게 왜곡하고 맙니다. '태초'라는 시간 개념으로 함축해버리면, "아주 오래전에 하나님이 하늘과 땅, 이 물리적 우주 만물을 창조하셨다"라고 읽게 되는 것입니다. 이는 원문의 진정한 의미와는 거리가 멉니다.

매우 흥미로운 점은 히브리어에는 '과거, 현재, 미래'라는 시간 개념이 존재하지 않습니다. 히브리인들의 언어 구조 속에서는 그러한 개념 자체가 없습니다. 이는 헬라적 개념입니다. 헬라어에는 과거 시제, 부정 과거, 미완료 등이 존재하지만, 히브리어에는 '아주 오래전'과 같은 개념이 없습니다. 그들의 사고 구조 속에서 '로시 ראש'는 단순히 시간만으로 설명될 수 없는 개념입니다.

그러고 보면, '그 근원 안에 하늘과 땅을 창조하셨다'고 하지 않습니까? 이 '바라 ברא'라는 창조 개념 또한 우리가 정확히 이해해야 합니다. 이는 물리적인 우주를 뚝딱뚝딱 만들어 냈다는 의미가 아닙니다. '바라'를 에덴 이야기에서 살펴보면, '낳다'라는 개념에 더 가깝습니다. 곧, '낳는다'는 의미가 더 강한 것입니다. 부모가 자녀를 낳듯이 '낳는다'는 개념이 '크리에이트 create'하는 행위를 설명합니다.

결국 이 이야기는 하나님께서 근원 안에서 하늘과 땅, 즉 '하샤마임 השמים'과 '하아레츠 הארץ'를 '낳으셨다'는 의미가 됩니다. 놀랍게도 창세기 1장 1절은 성경 전체의 함의를 담고 있습니다. 요한계시록까지 성경 전체를 살펴보십시오 그 내용은 전부 '하늘 이야기' 아니면 '땅 이야기'입니다. 주기도문을 보십시오. "하늘에 계신 우리 아버지여, 이름이 거룩히 여김을 받으시오며, 나라에 임하옵시며, 뜻이 하늘에서 이루어진 것같이…" 여기까지는 하늘 이야기입니다. 그다음은 무엇입니까? "땅에서도 이루어지이다." 이는 명백히 땅 이야기입니다. 요한계시록 또한 전부 하늘 이야기 아니면 땅 이야기로 구성되어 있습니다. 이처럼, 하나님께서 하늘과 땅을 '바라'하셨다는 창세기 1장 1절의 한 문장이 사실상 성경 전체의 내용을 요약하고 있다고 해도 과언이 아닙니다. 성경이 이토록 두꺼울 필요 없이, 그 한 문장만으로도 충분히 그 핵심을 전달할 수 있을 정도입니다. 창세기 1장 1절이 단순히 물리적 하늘과 물리적인 땅의 이야기라면 성서 전체에 등장하는 수많은 하늘 이야기와 땅의 이야기는 창세기 1장과는 무관하게 등장하는 하늘과 땅일까요?

창세기 1장 2절부터는 무슨 이야기가 나올까요? 바로 '그 하늘과 땅을 어떻게 낳고 낳고 낳고 하는지'에 대한 이야기가 펼쳐집니다.

여기서 한 가지 짚고 넘어가야 할 점이 있습니다. 창세기

1장에는 '엘로힘 문서'라는 개념이 많이 논의됩니다. 1장에는 오직 '엘로힘'만이 등장합니다. '하나님'으로 번역되는 이 '엘로힘'은 복수 형태로 되어 있습니다. 일부 학자들은 이를 '쌍수 Dual number'로 보아, 짝을 이루는 창조의 개념을 설명하기도 합니다. '하늘'에도 짝이 있다는 의미로 볼 수도 있겠습니다. 또한 '물 מים' 또한 복수로 표현되는데, 이는 바다의 광대함 등을 나타내는 장엄 복수의 형태로 설명되기도 합니다. 문법학자들은 이를 '장엄 복수'로 보거나, 혹은 '하나님을 왜 복수로 표현했을까'에 대한 다양한 설명을 제시합니다. '장엄함'을 나타내기 위함이라는 견해도 있고, '하나님 나라' 자체가 복수로 되어 있다는 점을 들어 설명하기도 합니다. 주기도문에서 '하늘에 계신 우리 아버지여' 할 때의 '우라노이스'도 복수 표현입니다. '각자의 하나님 나라'가 교제하면 '하나님 나라들'이 되는 것이 아니냐는 설명들도 있습니다.

이러한 설명이 모두 나름의 타당성을 지닌다고 볼 수 있겠습니다. 그러나 중요한 것은 창세기 1장에 등장하는 '엘로힘' 안에는 2장 4절부터 등장하는 '야훼 엘로힘', 즉 야훼 하나님이 숨겨져 있다는 사실입니다. '야훼 엘로힘'을 내포하고 있으며, 포괄하고 있다는 의미입니다. 창세기 1장의 칠일 창조 이야기 속에서는 아직 '야훼 하나님'이 개별적으로 분화되어 나타나지 않았을 뿐입니다. 그럴 뿐이지, '엘로힘' 속에는 이미 야훼 하나님이 감추어져 있고 포괄되어 있다는 것입니다. 그 분화된 모습은 2장 4절부터 비로소 나타나기 시작합니다. '엘로힘'이 복수로 표현된 것이 여러 설명을 포괄할 수 있겠으나, 그 '엘로힘' 속에는 '야훼 엘로힘'이 이미 함유되어 있다는 정도로 이해할 수 있습니다. 야훼 엘로힘이 분화되기 전 이야기라고 하겠습니다. 이 부분에 대한 자세한 이야기는 추후 기회가 되면 더 논하도록 하겠습니다.

그렇다면 '하늘과 땅 이야기'라고 했는데, 이것이 물리적인 하늘과 물리적인 땅을 의미할까요? 주기도문에서 "하늘에 계신 우리 아버지여" 그리고 "땅에서도 이루어지이다" 할 때, 그 하늘과 땅이 물리적인 공간을 의미하는 것은 아님을 우리는 분명히 알고 있습니다. 그렇다면 창세기 1장에서 갑자기 하나님을 물리적인 하늘과 땅을 창업하신 창업주로 읽어야 할 이유는 무엇일까요?

이 '하늘'과 '땅'은 바로 '우리'에 대한 이야기입니다. 신앙인들께 '하늘이 어디입니까?'라고 여쭤본다면, 아마도 '하나님이 계신 곳이 하늘이다'라고 답하실 것입니다. 저 물리적인 우주의 '스카이 sky'를 말하는 것이 아니라, '하나님이 계신 곳'을 성서에서는 '하늘'이라고 칭합니다. 하나님이 계신 곳이 곧 하늘이라는 진리가 실현되는 것입니다. 그러면 하늘은 바로 '저와 여러분 안에' 있다는 이야기입니다. 물리적인 하늘 이야기가 아닙니다. 하나님이 계신 곳이 하늘임은 분명합니다. 성서에서는 우리 내면에 계신 하나님을 비유적으로 표현하기 위해, 고대인들이 광대하게 보았던 저 하늘을 가져다 썼을 뿐입니다.

예수 그리스도나 사도 바울 같은 깨어 있는 이들은 그 이야기가 내포하는 의미를 재해석하였습니다. '하나님이 계신 곳이 하늘이라면, 너희가 성전인 것과 같이 하나님 나라는 여기 있거나 저기 있는 것이 아니라, 너희 안에 있다'고 말입니다. 우리의 안에 하나님이 계시다면, 우리의 안이 바로 하늘인 것이 당연합니다. 그렇다면 '땅'은 어디일까요?

땅은 바로 우리의 '마음'입니다. 하늘도 여기에 있고, 땅도 사실 여기 있습니다. 마태복음 13장에서 '밭'을 비유로 들었듯이, 우리의 '마음 밭'은 우리에게 익숙한 개념입니다. 이처럼 하늘도 여기에 있고, 땅도 여기에 있습니다. 동양 사상에서는 '천지인天地人'이라 하여 하늘과 땅 사이에 사람이 있다고 하지만, 성서적 관점에서 보면 그 하늘도 여기, 그 땅도 여기, 그리고 '나'도 여기 있습니다. 이 모든 것이 여기에 있다는 말입니다. 성서는 신의 이야기를 통해 '사람에 관한 이야기', 곧 '나에 관한 이야기'를 그려가고 있는 책입니다. 이것이 요한계시록에 이르기까지 성서의 확고부동한 이야기 구성 요소입니다.

창세기 칠일 창조 이야기가 성서 모든 이야기의 '제1 원형'이라고 하지 않았습니까? 이 창세기 1장 이야기의 구조는 요한계시록까지를 이해하는 '핵심'입니다. 요한계시록에 나오는 '일곱 영', '일곱인'을 떼는 이야기 등이 모두 창세기 1장의 원형적 구조를 반영하고 있습니다. 이 원형적 이야기가 우리 삶 속에서 다양한 형태로 '변주變奏'되는 것입니다. 아브라함 이야기 속에도, 출애굽과 모세 이야기 속에도 창세기 1장의 이야기 구조가 다양한 언어와 진술 방식, 서사적 구조 속에서 원형적으로 들어가 있습니다.

이러한 방식으로 성경을 읽어낼 때, 창세기 1장부터 요한계시록 22장까지가 하나의 일관된 메시지로 연결되어 읽히게 됩니다. 한눈에 성경의 전체 구조가 들어오는 것입니다. 왜냐하면 그것이 바로 '내 이야기'이기 때문입니다. '생명책에 녹명된 자와 녹명되지 않은 자'가 있다면, 이 창세기 1장 칠일 창조 이야기도 '생명책'과 같습니다. 우리 식으로 말하면 '얼이 박혀 있는 이야기'인 것입니다. '얼빠진 놈'이라 할 때 그 '얼'처럼, 허접하거나 사라질 이야기가 아니라 '얼이 박혀 있는 이야기'이기에 지금까지 살아남은 것입니다. 그렇다면 '내가 얼찬 사람'이라면, 즉 정신이 깨어 있고 얼이 박혀 있다면, 내 속에 하나님이 계시고 내 마음이라는 땅에 하나님의 빛이 운행하고 있다면, 이 창세기 1장 이야기 속에 '내 이야기'가 들어 있을까요, 없을까요? 내 이야기일 때에만 비로소 '생명책에 녹명되었다'는 말이 진정한 의미를 지니게 됩니다.

이것은 '내 이야기'입니다. 태초의 옛날옛적에 있었던 이야기가 아니라, '지금 여기서 내 이야기'로 읽혀 질 때에만 이 이야기는 다음 세대에 전승될 가치를 지니게 됩니다. 이는 나만의 이야기가 아니라, 내 후손의 이야기이기도 합니다. 여기에 선제적으로 나에 대한 기록이 앞서 기록되어 있을 뿐입니다. '내가' 이 기록 속에 있는지 없는지를 스스로 읽어가야 하는 것입니다.

우리가 날마다 부적처럼 외웠던 주기도문을 보십시오. "하늘에 계신 우리 아버지여" 할 때, 호 엔 토이스 우라노이스 ὁ ἐν τοῖς οὐρανοῖς 에 정관사가 있습니다. '하샤마임 השמים'에도 정관사까지 붙어 있습니다. '하샤마임'과 '하아레츠 הארץ' 모두 '하늘과 땅 이야기'입니다. 성서는 애굽 땅 이야기, 광야 땅 이야기, 가나안 땅 이야기, 바벨론 땅 이야기, 그리고 다시 가나안으로 귀환하는 땅 이야기로 가득합니다. 이 모든 것이 '하아레츠 הארץ'의 이야기입니다. 그런데 우리는 이것을 전부 옛날 옛적 '태초에' 일어난 이야기로, 마치 남의 이야기처럼 밀어 넣고 있지 않습니까? 그 하나님 이야기를 말입니다.

여러분, 생각해 보십시오. 물리적 우주의 창조는 우리가 '믿거나 말거나'입니다. 그렇지 않습니까? '하나님이 아주 태초에 이 우주 만물을 창조하셨대!' 내가 그것을 믿지 않는다고 해서 창조가 갑자기 사라집니까? 그렇다면 내가 믿으면 하나님이 기분 좋아하실까요? '아, 저 놈이 그래도 싹수가 있네. 내가 창조한 걸 믿어주네.' 현재 많은 믿는 사람들이 그런 식으로 신앙생활을 하고 있지 않습니까?

아니, 생각해 보십시오. 그 하나님이 '아, 요놈이 내가 창조했다는 걸 믿어주네! 아이고, 기특해라, 고마워라. 내가 상 줘야지. 구원을 내가 너에게 주마!' 그러실까요? 하나님이 믿어줬다고 해서 어깨를 두드려주고, '아, 요놈이 내가 다 창조했는데 안 믿어? 이 고얀 놈! 넌 저 어두운 곳으로 가라!' 그러실까요? 그럴 리 만무합니다. 인생도 그러지 않습니다. '엄마가 나 낳은 거 진짜 맞아? 나 안 믿을래!'라고 한다고 해서 어머니가 나를 낳지 않은 것이 됩니까? 믿거나 말거나, 어머니가 나를 낳은 사실은 변하지 않습니다. 그런데 '믿어준다니 기특하다'며 칭찬해 줄까요? 오히려 '내가 낳은 자식을 여태까지 안 믿었단 말이야?'라며 꾸짖으실 것입니다. 우리가 굳이 '하나님! 내가 당신이 천지 만물을 창조하신 줄 믿습니다!'라고 들이밀며 고백할 필요가 없는 것입니다. 사도신경에서 "전능하사 천지를 창조하신 하나님을 내가 믿사오며"라고 하지 않습니까? 사도신경은 참으로 민망하기 이를 데 없는 낡은 신경입니다.

우리가 부모님을 만날 때마다 "엄마 아빠, 저를 낳아주신 것을 제가 믿습니다!"라고 말하는 것이 얼마나 상스러운 일입니까? 인생의 이치조차 그러하지 않은데, 우리가 하나님(?)께 그러한 태도를 보이는 것은 온당치 않다는 것입니다. '당신을 믿어줄 테니 구원시켜 달라'는 식의 태도는 합당치 않습니다. 성서는 그렇게 행하라고 가르치는 서판이 아닙니다.

창세기 1장 2절 이야기를 한 번 더 깊이 살펴보겠습니다. 놀랍게도 2절은 에덴 이야기와 그 구조가 너무나도 유사합니다. 2절은 "베하아레츠 הָאָרֶץ"부터 시작하며, '땅'의 이야기를 펼쳐 나갑니다. 에덴 이야기에서도 "이것은 하늘과 땅의 낳고 낳은 족보라" 해놓고 '땅' 이야기부터 시작하듯 말입니다. 1절에서 하늘과 땅을 '바라'하셨다고 했으니, 당연히 하늘 이야기부터 시작해야 마땅할 텐데, 2절에는 '땅이 혼돈하고 공허하며 깊음 위에 있다'는 '땅 이야기'부터 등장하는 것입니다. 에덴 이야기가 그러하듯, 이것이 바로 히브리인들의 이야기 구조입니다.

이러한 방식으로 창세기 1장 1절을 깊이 헤아려보면, 창세기 1장 1절은 성경 전체의 이야기이자, 요한계시록의 실마리까지 담고 있는 경이로운 구절임을 재차 확인할 수 있습니다.

성서가 말하는 땅
창세기 1장 1절
하아레츠הָאָרֶץ

בְּרֵאשִׁית בָּרָא אֱלֹהִים אֵת הַשָּׁמַיִם וְאֵת הָאָרֶץ:
태초에 하나님이 천지를 창조하시니라(1:1)

성서가 말하는 '땅'에 대해 살펴보고자 합니다. 이른바 하아레츠는 창세기 1장 1절에 처음 등장합니다. "베레쉬트 바라 엘로힘 에트 하샤마임 베에트 하아레츠." 곧 "태초에 하나님이 하늘과 땅을 창조하시니라." 라틴어 표현은 "인 프린시피오 In Principio"로, 근원 안에서 '바라'가 일어났다고 이해할 수 있습니다. 대격부호목적격 표시부호와 정관사가 붙은 하샤마임, 그리고 하아레츠를 하나님이 '바라'하셨다는 진술입니다. 만일 성서의 핵심을 한 구절로 요약하라고 한다면 창세기 1장 1절이라 하겠습니다. 하샤마임과 하아레츠를 '바라'하는 이 한 문장이 성서 전체 서사의 요체를 포괄한다고 보아도 지나치지 않습니다. 곧 창세기 1장 2절 이후는 1절에 대한 주석이라 해도 무방합니다.

이 가운데 특히 하아레츠에 주목하여, 그 의미를 어떻게 이해해야 하는지를 다른 각도에서 검토하고자 합니다. 엘로힘이 하아레츠를 '바라'한다는 말은 무엇을 뜻하겠습니까. 이를 물리적 차원의 천지 창조로만 이해하는 것은 적절하지 않습니다. 성서는 고대 근동의 다양한 창조 설화를 '전유(專有, Appropriation)'[1])하면서 '천지'를 비유로 사용합니다. 그렇다면 성서의 에레츠 ארץ 란 무엇이겠습니까. 하나의 도상과 지리적 배경을 통해 조망해 보겠습니다.

중동 지역의 지도를 보면, 성서 서사 속 하에레츠는 먼저 애굽미츠라임, 곧 에레츠 미츠라임으로 나타납니다. 잘 알려져 있듯 애굽 땅에서 홍해를 건넌 후 두 번째 '에레츠'가 등장하는데, 그것이 광야입니다. 이어 광야를 지나 세 번째 '에레츠'

---

1) 전유란 한 기표가 놓여 있는 맥락을 변경함으로 그 기표를 다른 기의로 작용하게 하거나 혹은 다른 의미를 갖게 하는 뒤집기 방식이다.

인 가나안에 이르게 됩니다. 모두 '에레츠'이되 서로 성격이 다릅니다. 애굽, 광야, 그리고 마침내 도달하는 가나안. 아브라함에게 약속된 땅이 가나안이었기에 흔히 '약속의 땅'이라 부릅니다. 그러나 이 모두가 '에레츠'인 동시에, 야훼의 땅으로서 약속된 곳은 애굽이 아닙니다. 또한 가나안에 이르기 전 거치는 광야 역시 엘로힘이 '바라'하신 최종적 '에레츠'가 아닙니다. 세 번째 도착지인 가나안에 들어가는 과정에서 모세의 서사가 전개되고, 마침내 여호수아와 갈렙을 통해 우여곡절 끝에 그 땅에 당도합니다.

애굽에 먼저 정착한 것은 아브라함과 이삭과 야곱의 가문입니다. 가나안으로 이주해 살다가 기근이 들면 남방, 곧 애굽으로 내려가 양식을 구해 돌아오곤 했습니다. 야곱이 열두 아들을 두었고, 다시 큰 기근이 들었을 때 요셉이 애굽의 총리가 되면서 가족이 고센 평야에 정착합니다. 그 번영은 약 사백여 년에 걸쳐 이어집니다. 나일강 삼각주의 풍요 속에서 열두 지파가 번성했으나, 그 번성의 끝은 종살이라는 비극이었습니다. 이 대목의 의미는 큽니다. 풍요가 결국 '아인'으로 드러나는 역설, 곧 타자에게 예속되는 결과로 귀결되었기 때문입니다. 이에 출애굽이 일어나고, 가나안에 도달합니다. 그러나 가나안 도달이 결말은 아니었습니다. 북방의 바빌론에 사로잡혀 포로 생활하고, 다시 귀환하여 제2 성전스룹바벨 성전을 세우는 역사로 이어집니다. 이러한 파란 속에 '하에레츠'가 일관되게 등장합니다.

그렇다면 정관사가 붙은 '하에레츠'는 무엇이겠습니까. 결론적으로, 제시된 도식에서 '가나안 땅'세번째 땅을 가리킵니다. 이는 창세기 1장 1절의 "하샤마임 베하에레츠"에 대한 서사적 조망이기도 합니다.

이제 창세기 1장의 '에레츠'를 살펴보겠습니다. 칠일 창조의 서사는 구약 전체, 나아가 신약을 포함한 모든 이야기의 제1원형이라 부를 만합니다. 모든 이야기의 원시복음, 실창조 복음으로서 그 구성과 구조가 이후 모든 서사에 반영되고 투영됩니다. 이 원형 속에서 '에레츠'는 다음과 같이 표현됩니다. 첫째 날1절과 2절에 '하에레츠'가 나타나며, 셋째 날에는 "물이 한 곳으로 모이고 뭍이 드러나라" 하신 후, 그 드러난 뭍을 '하에레츠', 곧 '땅'이라 명명하시고 각종 채소와 과목을 내게 하십니다. 다섯째 날에도 '하에레츠'가 언급되며, 여섯째 날에도 또 다른 층위로 등장합니다. 도식으로 네 번의 '하에레츠'를 표시할 수 있는데, 표현은 동일하나 상태와 기능은 첫째·셋째·다섯째·여섯째 날마다 점차 달라집니다. 전통적 용어로는 '점진적 계시'라 부를 수도 있겠습니다만, 굳이 그 용어를 고집할 필요는 없겠습니다. 중요한 것은 동일한 명칭 아래 의미가 맥락에 따라 분화되어 드러난다는 사실입니다.

에덴 서사에는 이 분화가 더욱 명시적입니다. 가장 큰 범주인 '하에레츠 הארץ 땅, the earth' 아래, '하사데' השדה 들, the field, '하아다마' האדמה, the ground, 그리고 '아담 아파르' עפר אדם 흙가루 사람, 먼지 사람라는 네 층위가 등장합니다창 2:4-7. 창 1장에서는 이 모두를 포괄적으로 '하에레츠'로 불렀으나, 창 2장에서는 상태와 기능에 따라 개념이 세분되어 제시됩니다. 다시 말해, 칠일 창조 이야기에서 네 차례의 '하에레츠'가 동일 명칭 아래 서로 다른 상태를 가졌던 것처럼, 에덴 이야기에서는 그 차이가 명칭의 분할로 표현됩니다. 전체는 여전히 '하에레츠'이지만, 야훼의 '에레츠'가 궁극적으로 지시하는 바는 '아담 아파르'에 이른 자리, 곧 약속, 언약의 땅에 대응하는 차원이라 할 수 있습니다. 이것은 마 13장 씨 뿌리는 비유에 나오는 네 종류의 땅과도 조응합니다.

흥미롭게도 창 2:7에서 '아담 아파르'가 등장한 뒤, 선악을 알게 하는 나무의 실과를 먹음으로써 그가 강퍅해지고, 결국 "너는 흙이니 흙으로 돌아가라"는 선고를 받습니다. 이 구조는 모세 서사에서 바빌론 포로의 사로잡힘과 귀환의 구조와 상응합니다. 곧 타락과 포로, 그리고 회복과 귀환의 패턴이 모든 이야기의 두 번째 원형인 에덴 이야기 안에 이미 내장되어 있습니다. 같은 유형이 모든 이야기의 첫 번째 원형인 창조 서사에도 깃들어 있습니다.

이제 모세 서사로 돌아가, 같은 도식으로 '에레츠'를 다시 보겠습니다. 가장 큰 범주는 에레츠 미츠라임애굽입니다. 이어 미드바르광야, 가나안, 바빌론이 차례로 등장합니다. 지형은 서로 다르지만, 서사적 공통 분모로서 모두가 '에레츠'입니다. 언약의 땅은 에레츠 가나안으로 지시되며, 그 어원적 결은 온유, 겸손, 상인, 무역 등의 의미를 지닙니다. 상인이 고객 앞에서 겸손할 수밖에 없듯, 가나안의 기표는 온유의 덕목과도 맞닿아 있습니다. 바빌론 포로에서의 귀환을 거쳐 마침내 이 '아담 아파르'의 자리, 곧 언약의 '에레츠'에 이릅니다.

신약, 특히 마가복음 4장 13절의 씨 뿌리는 비유는 이 구도를 다시 한번 응축해 보여줍니다. 예수께서는 "이 비유를 알지 못하면 다른 모든 비유를 어떻게 알겠느냐" 하시며 비유의 열쇠로 제시하십니다. 같은 도식으로 보면, 첫째 '길가'는 애굽에 상응합니다. 모두가 가는 길, 상식과 관습, 타자의 세계가 덮어씌워진 자리로서, 그 위에 떨어진 씨는 싹을 틔우지 못합니다. 둘째 '돌밭'은 광야에 상응합니다. 율법이 선포된 자리이되, 얕은 흙과 뜨거운 해가 씨의 생장을 가로막습니다. 셋째 '가시떨기'는 바빌론에 상응합니다. 지식과 염려, 재리의 유혹이 가시처럼 찌르며 생명을 질식시킵니다. 이는 에덴의 선악 나무 모티프와도 이어지며, 지식주의의 포로 됨을 상징합니다. 넷째 '좋은 땅'은 단순한 '좋음'이 아니라 '가장 적합한' 땅, 곧 씨가 뿌려지고 말씀이 싹터 열매 맺기에 합당한 자리입니다. 네 범주 모두 '에레츠'라 부를 수 있으나, 그 성격은 엄연히 구별됩니다. 이 구별을 통해 우리는 애굽의 풍요가 야훼의 땅이 아님을, 그리고 '좋은 땅'에서 비로소 하샤마임과 하에레츠가 하나의 신비로 결연됨을 확인합니다.

요컨대 '에레츠'라는 단어 하나에 단일한 정의를 고정시키는 것은 성서적 맥락을 손상시킬 위험이 있습니다. 성서는 이야기의 흐름 속에서 '에레츠'의 의미를 층위적으로 드러냅니다. 창세기의 원형 서사, 에덴의 개념 분화, 모세의 역사, 그리고 예수의 비유에 비추어 보면, '에레츠'는 동일한 명칭 아래 다른 상태와 기능을 담는 그릇이며, 언약의 귀환과 결실이 일어나는 '가장 적합한 땅'으로 수렴한다고 하겠습니다. 천지를 '바라'했다는 것을 광활한 우주를 창조했다는 기존의 전통적 해석을 내려놓고 성서의 전체 맥락에서 보면 땅의 창조가 어떻게 이뤄지는지를 조망해 볼 수 있습니다. 창세기 1장 1절을 놓고 창조론과 진화론의 프레임에 갇혀 논쟁하는 동안, 성서가 말하고자 하는 땅의 창조에 대해 놓치게 됩니다.

바람이 분다
창세기 1장 2절

וְהָאָ֗רֶץ הָיְתָ֥ה תֹ֙הוּ֙ וָבֹ֔הוּ וְחֹ֖שֶׁךְ עַל־פְּנֵ֣י תְה֑וֹם וְר֣וּחַ אֱלֹהִ֔ים מְרַחֶ֖פֶת עַל־פְּנֵ֥י הַמָּֽיִם׃
땅이 혼돈하고 공허하며 흑암이 깊음 위에 있고
하나님의 신은 수면에 운행하시니라(1:2)

창세기 1장 2절을 보시면 "하나님의 루아흐가 물의 얼굴 위를 운행하신다"라고 되어 있습니다. 이렇게 되어 있지요. 이게 바로 창세기 1장 2절입니다. 어렵게 느껴지실 수 있습니다. 자, 그러면 1절과 연결해 보겠습니다. 1절에서 하샤마임과 하아레츠를 어떻게 하신다고 했습니까? '바라'하신다고 했습니다. 낳는 것입니다. 낳는 것이 창조입니다.

그런데 그 낳을 때의 상태를 보니, 곧 이어지는 문장이 "그 땅이 어떠하다"를 서술합니다. 그 땅의 상태를 말하지요. 그 땅이 '토후'하고 '보후'하고 '호쉐크'하다고 말합니다. 그리고 그 물 위에, 물의 얼굴 위에 하나님의 신이 운행하신다고 합니다. 이건 어떤 상태일까요? 만일 '하아레츠'가 우리의 마음 땅, 곧 내면을 가리킨다면, 창세기 1장 2절에서 말하는 이 마음 땅은 물리적 우주 창조의 상황 보고가 아니라, 우리에 관한 이야기, 내면에 대한 비유가 아닐까요? 도대체 어떤 얘기일까요, 폼이 없는 것입니다. without form, 폼이 형성되지 않은 상태입니다. 나무가 없고, 물고기가 없고, 짐승이 없습니다. 어떤 꼴, 곧 형태가 없는 것을 혼돈이라고 번역하지요. 개념이 없습니다. 개념이 형성되어 있지 않습니다.

그런데 우리는 무수한 말을 주고받습니다. 무수한 말을요. 여러분, 물이 무엇인지 아십니까? 여기 지금 물이 나오잖아요. 그 '하마임', 정관사가 붙은 그 물이요. 그 물이 무엇입니까? 무엇이 물입니까? 말이 물입니다. 앞당겨서 말해보겠습니다. 둘째 날에 윗물과 아랫물이 나오지요. 윗물이 무엇이고 아랫물이 무엇입니까? 이 둘째 날 이야기를 당겨서 말하자면, 무엇이겠습니까? 내 말과 네 말입니다. 왜 말이 물일까요? 말이 물입니다. 물은 무엇을 비유할까요?

요한복음을 보시면 물 이야기가 굉장히 많이 나옵니다. 물이 변하여 포도주 되는 이야기, 거기 앞에 물이 있었지요. 항아리에 가득 찬 물이 있었습니다. 그리고 포도주가 됩니다. 거기서 물 두 종류가 나옵니다. 무엇은 아랫물이고 무엇은 윗물일까요? 처음 항아리에 있던 물은 아랫물입니다. 포도주는 위엣 물입니다. 요한복음에는 윗물과 아랫물 이야기가 쫙 나넙니다. 창세기의 첫째 날을 지나 둘째 날 이야기로 넘어가 보겠습니다. 요한복음 2장, 사흘 되던 날 가나의 혼인 잔치에서 아랫물과 윗물이 나뉩니다.

요한복음 4장에도 윗물과 아랫물 이야기가 나옵니다. 사마리아 여인과의 대화에서 야곱의 우물물은 무엇입니까? 아랫물입니다. 맞지요. 그런데 주께서 주시는 물은 그 배에서 생수의 강이 흘러나오는 윗물입니다. 거기서 아랫물과 윗물이 나뉩니다. 보이십니까? 이게 지금 보이십니까? 창세기 이야기이지요. 예, 창세기 둘째 날 이야기가 윗물과 아랫물로 "나누시더라"고 하지요. 그 나눔이 요한복음의 예수의 삶 속에서 사건으로 쫙쫙 펼쳐집니다. 그러면 윗물이 무엇이고 아랫물이 무엇인지 이제 감이 오십니까?

그러면 거기서 끌어다가 지금 창세기 1장 2절의 물을 보겠습니다. 이 물은 무엇입니까? 윗물과 아랫물로 나뉘기 전의 물입니다. 나누기 전의 물입니다. 그러면 그 물은 무엇이겠습니까? 아까 말씀드렸듯 말입니다. 그런데 1장 3절에 곧바로 "빛이 있으라 하시니 빛이 있었다"가 나오지요. 이것이 첫째 날 창조입니다. 빛이 있으라 하시니 빛이 있었고, 그 빛은 무엇입니까? 말씀, 곧 요한복음 1장의 이야기입니다. "태초에 말씀이 계시니라." 그리고 이 말씀은 곧 하나님이시며, 사람들은 이 말씀을 빛이라 말합니다. 맞습니다. 말씀이 곧 빛입니다. 그 빛이 있으라 하셨습니다. 어디에서요? 창세기 1장 3절에서요. 그런데 그 '빛이 있으라' 이전에 물 이야기가 나오지요. 물과 땅 이야기가요. 땅이 어떻다고요? 토후하고 보후하고 호쉐크 하다고요. 바로 그 상태, 토후·보후·호쉐크가 기가 막힌 이야기입니다. 사람들은 토후한데 토후한 줄 모르고, 보후한데 보후한 줄 모르고, 호쉐크한데 호쉐크한 줄 모릅니다. 그러니 혼돈인 줄도 모릅니다. 겉으로는 뭐가 잔뜩 지어져 있습니다. 가득 차 있습니다. 어둠이 아닌 듯 자기식의 빛으로 가득해 보입니다.

그래서 엘로힘의 창조는 아직 거기서 이루어지지 않습니다. 엘로힘의 바라가 이루어지는 시점은 언제입니까? 하아레즉, 마음의 땅이 토후하고 보후하고 호쉐크하다는 인식이 찾아올 때, 그 인식이 올 때입니다. 그때 비로소 수면, 물의 얼굴 위에 하나님의 루아흐가 운행하기 시작합니다. 그러니 1장 1절과 2절 사이에는 우리의 실존이 숨겨져 있습니다. 이것을 보아야 합니다. 2절의 인식이 오기 전에는 하나님의 신이 수면에 운행하지 않습니다.

예를 하나 들어 보겠습니다. '토후' 곧 텅 빔입니다. 복음서에 귀신을 쫓아내는 대목을 기억하시지요. 쫓겨난 뒤 채워지지 않으면 일곱 귀신이 들어옵니다. 비어 있는 상태, 폼이 형성되지 않은 상태, 그리고 캄캄함. 카발라식으로 말하면 '아인', 전면 부정입니다. 아, 그렇구나. 내가 토후하고 보후하고 호쉐크하구나. 혼돈하고 공허하고 흑암이 깊음 위에 있구나. 이전에는 토후도 아니고 보후도 아니고 호쉐크도 아니다 하며, 제가 가끔 말하듯 '똥폼'을 잡고 있던 것을 전면 부정하는 그 아인 אין 입니다. '아, 그게 아니었구나.' Not, No, 무無. 나를 들여다보니 형성되어 있는 것이 아무것도 없었구나. 빛이라 여겼던 것도 빛이 아니라 욕심이었구나. 하나님을 좇고 예배한다던 그 모든 것이 종노릇이었고, 나는 박수부대였구나. 그 깊은 장탄식, 이것이 호쉐크입니다. 곧 그 땅의 상태가 자기 자신에게 드러나는 것입니다. 이 드러남 이전에는 결코 루아흐 엘로힘, 하나님의 신이 수면에 운행하지 않습니다. 이것이 원리입니다. 아인이란 것이 바로 토후·보후·호쉐크라는 고백입니다.

　이 고백의 토대 위에서만 하나님의 신이 수면에 메라헤페트 מְרַחֶפֶת, 운행하십니다. 기가 막힌 비밀입니다. 무엇입니까? 이전의 내가 그렇게 힘주어 살던 내가, 아무것도 아니었음이 드러나야 합니다. 그때 무엇이 쫓겨납니까? 귀신, 곧 이전에 빛이라 여겼던 것이 사실은 어둠이었음이 들통납니다. 나의 헌신, 용맹정진, 하나님을 향한 충성, 심지어 내가 바쳐 세운 예루살렘 성전 – 그것이 가짜였습니다. 그래서 돌 하나도 돌 위에 남지 않고 무너져 내립니다. 멋들어진 집이 있었지만, 무너져 내려 아무것도 남지 않은 상태, 그게 토후입니다. 형성된 것이 없이 formless, without form. 그리고 새로 세워진 것이 없으니 텅 비었습니다. 곧 보후입니다. 그러고 보니 그 모든 것이 어둠이었구나 – 이렇게 땅이 드러날 때, 비로소 하나님의 루아흐가 수면에 운행하십니다.

　그러면 그 수면은 무엇일까요? 앞서 물을 비유하여 말씀드렸습니다. 물이 무엇입니까? 여인이 목말라 야곱의 우물로 물을 길러 갔지요. 그러나 그 물을 마시면 다시 목마릅니다. 물은 우리의 영혼, 인간의 정신이 마셔야 하는 갈증을 적시는 것-의식의 세계를 가리킵니다. 물에는 두 종류가 있습니다. 아랫물과 윗물. 그런데 1장 2절에서는 아직 나뉘어 있지 않습니다. 범벅이 되어 땅을 덮고 있습니다.

그런데 토후·보후·호쉐크가 확연히 드러나, 내가 어디에 앉아 있습니까? 재와 먼지의 터 위입니다. 다른 말로, 기왓장으로 헌데를 긁는 욥의 자리입니다. 이때 "이게 전부인가"라는 장탄식의 토대 위에서, 어디선가 불현듯 운행의 원리가 시작됩니다. 루아흐가 무엇입니까? 하나님의 신, 맞습니다. 여기서 처음 나옵니다. 루아흐-숨, 호흡, 바람. 히브리 전통에는 네페쉬, 루아흐, 네샤마, 그리고 전통적 분류에 더해 거룩의 차원들로 영의 상태를 구분하는 방식이 있습니다. 네페쉬는 창세기 1장에서 동물의 생명에도 쓰이고, 네샤마는 창세기 2장, 흙으로 지어진 사람의 코에 불어 넣는 생기입니다. 여기 1장 2절은 루아흐, 하나님의 영, 헬라어로 프뉴마입니다.

'영'처럼 어려운 말이 어디 있습니까. 그런데 왜 이를 '성령'이라 부르는지 이해하셔야 합니다. '거룩한 영'이라 하는 까닭은, 이전엔 더러운 영, 곧 이기심과 욕망의 바람에 휘둘렸기 때문입니다. 사방에서 바람이 붑니다. 네 바람이 붑니다. 우리는 그 바람에 휘말려 농락당했다는 걸 한참 지나 알지요. 그 바람이 모두 끝나야 합니다.

창세기 1장 2절, 토후·보후·호쉐크는 그 바람이 끝나는 지점입니다. 보십시오. 네 바람과 하나님의 루아흐는 다릅니다. 하나님의 루아흐는 외부에서 몰아치는 바람이 아닙니다. 네 바람은 밖에서 불어오는 바람, 공중 권세의 바람입니다. 풍요의 바람애굽 고센 땅의 바람, 권력의 바람, 명예의 바람, 무섭고 두려운 짐승의 바람권력과 재물의 결합—그 바람에 안 빠진 인생이 어디 있습니까. 그러나 루아흐 엘로힘은 그 바람과 다릅니다.

요한계시록의 어느 장면에서처럼, 이제는 성전 안에 계신 하나님, 지성소의 바람입니다. 그래서 '거룩'입니다. 이 바람은 숨, 호흡입니다. 루아흐 엘로힘은 토후·보후·호쉐크의 자기 실존 인식이 있을 때, 네 바람이 멈추고, 성전의 호흡이 물, 곧 의식의 수면 위에 운행하기 시작합니다. 그래서 루아흐를 '거룩한 영'이라 번역하는 까닭이 여기에 있습니다. 다른 바람과 확연히 다릅니다. 이 조짐은 여러분의 가슴속에도 있습니다. 다만 네 바람이 휩쓸고 지나가 숨도 못 쉬게 할 뿐이지요. 이것이 엘로힘 하나님이 '바라' 하시는, 에레츠를 다시 낳는 과정의 실존 현상입니다. 우리의 여정에서 매우 적나라한 모습입니다. 그런데 루아흐가 무엇으로 느껴지겠습니까? "저는 아무것도 아니었습니다." 토후·보후·호쉐크의 자기 인식이 왔을 때, 내면에서 반짝거리는 아주 미세한 반짝임입니다.

그것이 뭔지 아직 모릅니다. 그러나 우리의 지성을 자극합니다. 의식의 세계, 생각을 건드립니다. 타자가 주입한 생각과 다른, 지성소의 바람과 빛이 내면에서 별처럼 반짝이며 속삭입니다. "그게 아니다. 그건 아닌 것 같다. 그것도 아니고 저것도 아니다." 아인, 아니오, 아니오, 아니오. 그러면서 티끌과 먼지의 위에서, 에덴 이야기로 이어지면 하다마에서 아담 아파르로 가는 그 구조와 닮아 있습니다. 2장에서는 네샤마, 생기를 불어넣는 장면이 나오고, 여기 1장에서는 루아흐가 나옵니다. 이 운행은 마음 땅 위의 조짐입니다. 거기에는 물이 가득합니다.

혼돈이 찾아옵니다. 이전의 수많은 헌신, 충성, 열심, 성경 읽기, 배우기, 교회와 단체가 '참 말씀'이라 가르쳐주던 것들 —그 모든 것이 타자의 말이었습니다. 나와는 상관없는, 외부에서 들어온 말. 타자입니다. 나는 없고 타자가 내 안에 집을 짓고 살았습니다. 누군가의 해석이 들어와 그곳을 채우고 있었습니다. 나는 없고 도적들만 우글거렸습니다. 이것이 들통 난 것입니다. 그러자 혼돈, 토후가 찾아옵니다. "나는 없고 도적들만 들끓었구나."

요한복음이 말하지요. 먼저 온 자는 도적이요 강도라. 담을 넘어 들어와 주인 행세하였습니다. 심지어 하나님의 이름까지도 내 안에서 도적들의 소굴을 만드는 절대 타자, 초월 신으로 들어와 있습니다. —그 타자를 내어쫓는 것이 필요합니다. 이것이 귀신입니다. 더러운 영입니다. 내용이 옳으냐 그르냐가 문제가 아닙니다. '나'가 아니었다는 게 본질입니다. 타자가 주인 노릇을 끝내고 '내가 나'로 드러나야 합니다. 이 때 하나님의 루아흐가 움직입니다. 그 위에 운행하십니다. 그리고 "빛이 있으라 하시니 빛이 있었다." 여기 빛은 "있게 하자"의 뉘앙스도 들립니다. 일방적 외침만이 아니라, 내면에서의 수락과 합치 속에 '있게 되는' 빛. 엘로힘 속에는 야훼가 감추어져 있습니다. 아직 분화되지 않았으나, 내밀하게 숨어 있습니다. "빛이 있으라 하심에 빛이 있었고, 하나님이 보시기에 좋았더라."

이 '좋음', 토브는 무엇입니까? 하나님 보시기에, 지성소의 관점에서 좋았습니다. 선악의 저울이 아닙니다. 토브는 "숨이 트인다"는 체감입니다. 음료를 마셨을 때 시원한 것처럼, 내 안의 하나님이 지성소에서 숨 쉬실 때, 내 호흡도 그 숨과 맞물려 "좋다"가 됩니다. 반대는 '라아'입니다. 흔히 '악'으로 번역되지만, 여기서는 "나쁘다, 숨이 막힌다"는 체감에 가깝습니다. 선악의 개념 이전에, 호흡의 맞고 틀림입니다. 하나님을 우리는 어디 가두어 두었습니까?

전지전능하신, 저 멀리 하늘의 거대한 관념 속 지옥 같은 옥에 가두어 두었습니다. 초월자라는 미명의 감옥에 유폐시켰습니다. 그런데 토후·보후·호쉐크의 인식이 오면서, "아, 내가 하나님을 저 하늘에 유폐시켰구나"라는 자각이 듭니다. 그때 지성소 안에 감추어졌던 하나님이 로고스로, 빛으로, 루아흐의 숨으로 내 안에서 다시 숨 쉬게 됩니다. 그러니 "좋았다" —토브입니다. 이것이 하나님의 '부활'이라 하여도 무방합니다. 아주 과감하게 말하면, 하나님이 우리 안에서 다시 태어나는 신의 거듭남입니다. 신의 탄핵과 신의 복권, 신 죽음과 신의 새로 태어남의 사건입니다.

여러분 안에서, 여러분에 의해서 하나님이 살아나고, 그 하나님에 의해서 여러분이 다시 여러분으로 나아갑니다. 내 안을 점령하던 타자는 내보내야 합니다. 타자는 타자이기 때문입니다. 이게 우리의 이야기, 창세기의 첫째 날의 이야기입니다. 그리고 저녁이 되고 아침이 됩니다. 이제 둘째 날, 물을 나누십니다. 물은 바다, 무의식의 바다, 요나의 바다입니다. 욥기의 경계처럼, "여기까지만"이라는 한계가 세워집니다. 창조의 이야기는 이렇게 우리 안의 창조 이야기로 살아납니다. 신화가 아닙니다. 여기 1장 2절에는 저와 여러분이 녹아 있습니다.

이 이야기를 신화 속에 가두어 둘 것입니까? 아니지요. 오늘 우리의 이야기로 살아 움직이게 할 사람은 우리입니다. 무덤에 갇힌 이야기를 열어 살아 있는 이야기로 끌어내는 일, 우리에게 맡겨진 몫입니다. 그래서 이 이야기가 나가면 우상을 박살 내는 비수가 됩니다. 돌 하나도 돌 위에 남지 않고 무너지리라는 주님의 예언과 같지요. 무너져야 거듭납니다.

무너져야 빛이 납니다. 인식이 왔다—다른 말로 '번개가 왔다'
고 할 수 있습니다. "빛이 있으라 하시니 빛이 있었다"는 것
이 번개입니다.

마태복음 24장, 누가복음 17장, 그리고 계시록의 천둥과
번개, 두 번째 오심은 번개처럼 임하십니다. 그 번개는 때와
방식이 감춰져 있습니다. "멸망의 가증한 것이 거룩한 곳에
선 것을 보거든", 내 마음의 거룩한 곳에 멸망이 가득 앉아
있는 걸 보거든 때가 가까운 줄 아십시오. 타자가 절대 타자
를 등에 업고 옵니다. 전지전능의 관념이라는 우상 말입니다.
그때 번개가 칩니다. 가짜 빛을 어둠으로 판정하고, 참 빛을
비추어 "하나님이 보시기에 좋았더라"를 일으킵니다. 이 첫째
날의 비밀이 이렇게 우리의 실존 속에서 오늘도 시작됩니다.
그리고 우리는 아인 תא 으로 고백합니다. "저는 토후하고 보후
하고 호쉐크하였습니다." 그때에야 비로소, 하나님의 루아흐
가 물의 얼굴 위를 운행하십니다.

2절의 중요 개념들

'토후 보후 호우쉐크 테홈 루아크 엘로힘'

오늘은 창세기 1장 2절을 히브리어 본문을 바탕으로 살펴보고자 합니다. 1장 1절 "베레쉬트 바라 엘로힘 에트 하샤마임 베에트 하아레츠"에서 하늘과 땅을 '베레쉬트'에서 '바라' 하셨다는 진술이 제시되고, 이어 2절에서는 특히 '하아레츠', 곧 땅의 상태가 설명됩니다. 이 대목에 '토후, 보후, 호쉐크, 테홈, 루아크 엘로힘'과 같은 핵심 개념이 등장합니다. 물론 '하샤마임 멜라헤페트' 등도 중요합니다만, 여기서는 앞선 몇 개념을 중심으로 살펴보겠습니다.

2절은 "베 하아레츠 하예타 토후 바보후 베호쉐크"으로 이어집니다. 곧 혼돈 תהו 토후과 공허 בהו 보후, 흑암 חשך 호쉐크이라는 세 개념이 땅의 상태를 규정합니다. 이어 "알 페네이 테홈"이 나오는데, '알'은 '~위에', '페네이'는 '얼굴표면', '테홈'은 흔히 '깊음'으로 번역됩니다. 신약의 '아뷔소스'끝없는 깊음와 상응하는 바, 바닥이 없는 심연을 뜻합니다. 2절은 "깊음의 얼굴 위에 혼돈과 공허와 흑암이 있다"는 방식으로 하아레츠의 상태를 묘사합니다. 이 진술이 무엇을 말하는지 탐구하는 것이 오늘의 과제입니다.

먼저, 이를 물리적 우주의 기원 상태로만 이해하는 것은 적절하지 않다고 생각합니다. 성서는 고대 근동의 상징 언어를 빌려 '땅'을 곧 우리의 의식·인식 세계에 드러나는 마음의 형상으로 비유합니다. 창세기 서사를 기록한 이들이 말하려 한 바가 물리적 지구의 상태가 아니라, 의식의 세계에서 마주치는 한 장면임을 다른 본문들을 통해 살필 수 있습니다.

1) 토후

'토후'는 보통 '혼돈'으로 옮기되, 사전적 의미로는 '황폐함, 가치 없음'을 내포합니다. 이사야 40장 15 - 17절은 열방과 섬, 레바논의 삼림과 짐승들까지도 야훼 앞에서 '아무것도 아님아인'으로 드러난다고 말합니다. 영어로는 "less than nothing"

으로 번역되는데, '없는 것처럼 여김'이라는 뉘앙스입니다. 현대 철학자 슬라보예 지젝의 역작으로 알려진 "less than nothing"이 여기서 가져온 책명입니다. 슬라보예 지젝의 "Less than Nothing"은 헤겔의 철학 유산을 현대 사회에 적용한 독특한 개념입니다.

토후는 바로 그런 '무가치함의 폭로'를 가리킵니다. 다시 말해, 우리 의식이 웅장하게 쌓아 올린 열방과 섬, 숲과 짐승으로 상징되는 모든 성취가 야훼의 시야에서는 '아무것도 아님'으로 드러나는 상태, 그것이 토후입니다. 따라서 1장 2절의 '아레츠'는 물리적 지면이 아니라 우리 마음의 세계에서 드러나는 한 국면을 지시한다는 점이 강조됩니다.

"그의 앞에는 모든 민족이 아무 것도 아닌 것 같으며 그는 그들을 없는 것같이, 빈 것같이 여기시느니라."(이사야 40:17)
"…그가 땅을 창조하시되 혼돈하게 창조하지 아니하시고 사람으로 거주하게 지으셨으니…"(이사야 45:18)
"내가 저 기호를 보며 나팔소리 듣기를 어느 때까지 할고 내 백성은 나를 알지 못하는 우준한 자요 지각이 없는 미련한 자식이라 악을 행하기에는 지각이 있으나 선을 행하기에는 무지하도다 내가 땅을 본즉 혼돈하고 공허하며 하늘들을 우러른즉 거기 빛이 없으며 내가 산들을 본즉 다 진동하며 작은 산들도 요동하며 내가 본즉 사람이 없으며 공중의 새가 다 날아갔으며 내가 본즉 좋은 땅이 황무지가 되었으며 그 모든 성읍이 여호와의 앞 그 맹렬한 진노 앞에 무너졌으니 이는 여호와의 말씀에 이 온 땅이 황폐할 것이나 내가 진멸하지는 아니할 것이며 이로 인하여 땅이 슬퍼할 것이며 위의 하늘이 흑암할 것이라 내가 이미 말하였으며 작정하였고 후회하지 아니하였은즉 또한 돌이키지 아니하리라 하셨음이로다(예레미야 4:21-28)

예레미야는 야훼를 알지 못하는 우준한 자, 지각이 없고 미련한 자를 일컫는 비유로 창 1장 2절의 땅의 혼돈과 공허를 인용하고 있습니다. 이사야도 다르지 않다는 점입니다.

2) 보후

'보후'는 '공허, 구별 불가능한 폐허'의 의미를 지닙니다. 구약에서 단 세 번창 1:2, 사 34:11, 렘 4:23 등장합니다. 이사야 34장의 묘사는 낮밤을 막론하고 연기가 솟고, 영원한 황무지로 남는 땅을 그리고, 거기에 당아 고슴도치·부엉이·까마귀 같은 들짐승의 처소가 된다고 합니다. 이는 실제 동물 묘사라기보다,

인간의 마음이 다툼과 약육강식의 정념으로 점유된 상태를 비유하는 표현으로 읽힙니다. 곧 '국가를 잊고 귀인을 부르나 아무도 없는' 텅 빈 권력의 장, '가시와 엉겅퀴가 무성한' 불모의 내면 풍경, 그 황폐를 가리키는 핵심어가 '보후'입니다. 창 1:2의 '보후'는 바로 그러한 공허의 상태로서 '아레츠', 곧 의식의 세계를 묘사합니다.

> 땅을 본즉 혼돈하고 공허하며…(예레미야 4:23
> …여호와께서 그 위에 혼란의 줄과 공허의 줄을 치시리니…(이사야 34:11)

3) 호쉐크

'호쉐크'는 기본적으로 '어둠, 밤'을 뜻하나, 상징적으로는 불행·파멸·죽음·무지·슬픔·사악·불분명 등을 가리킵니다. 시편과 예언서 곳곳에서 야훼가 '나의 흑암을 밝히신다'고 할 때의 '흑암'은 물리적 흑암일까요? 마음에 드리운 혼돈과 무지, 인식의 혼선을 일컫습니다. "어두움이 땅을 덮고, 캄캄함이 만민을 가리운다"는 표현에서 '땅'과 '만민'이 교차로 쓰이는 것은 '아레츠'가 사람의 의식 세계를 비유함을 시사합니다. 요컨대 혼돈·공허·흑암은 야훼의 빛이 비추기 전, 부정과 비움의 토대이며, 그 '무⁽아인⁾'의 자각 위에야 비로소 빛이 임합니다. 전통·사회·타자에 의해 형성된 의식이 어느 순간 "이것이 참으로 나인가?"라는 질문 앞에서 붕괴될 때 찾아오는 공허와 어둠, 그 자리에 야훼의 빛이 들어올 여백이 생깁니다. 소크라테스가 말한 '무지의 지'가 열리는 자리와도 상응합니다.

> 주께서 나의 등불을 켜시며 여호와 내 하나님이 내 흑암을 밝히시리이다.(시편 18:28)
> 보라 어둠이 땅을 덮을 것이며 캄캄함이 만민을 가리우려니와…(이사야 60:2)
> …혼돈과 흑암이 질서 없이 있는 곳이라.(욥기 10:22)

4) 테홈과 루아크 엘로힘

본문은 "토후 바보후 베호쉐크 알페네이 테홈" 다음에, "베루아흐 엘로힘 … 멜라헤페트 알페네이 하마임"으로 나아갑니다. '테홈'은 끝 모를 깊음, 바닥 없는 심연이고, '하마임'은 물입니다. '루아크 엘로힘'은 하나님의 숨, 바람, 영으로 번역되며, '멜라헤페트'는 '운행하다, 어미새가 품다'의 뉘앙스를 가진 동사로 이해됩니다. 곧 무와 공허, 어둠의 표면 위로 하나님의 숨결이 수면을 어루만지듯 움직이기 시작합니다. 이는 '무의 체험'을 통과한 의식에 스스로 서는 빛이 응답하는 장면으로 읽을 수 있습니다. 창세기 1장 2절의 히브리어는 바로 그 역동을 간결히 포착합니다.

> **옷으로 덮음 같이 주께서 그것을 깊음으로 덮으시며…(시편 104:6)**
> **네가 바다의 근원을 들어가 보았느냐 깊은 곳을 걸어 다녀 보았느냐.(욥기 38:16)**
> **깊은 바다가 깊은 바다를 부르며 주의 폭포 소리에…(시편 42:7)**

깊음은 심연입니다. 산의 뿌리를 보는 자리이고 표층의식에 쌓여 있던 혼돈을 도리어 명료하게 합니다. 그러므로 깊음은 차라리 정화의 공간입니다. 요나의 표적이 가리키는 바입니다.

정리하자면, "태초에 하나님이 하늘과 땅을 창조하시니라"에 이어, "땅은 혼돈하고 공허하며 흑암이 깊음 위에 있고, 하나님의 영은 수면 위에 운행하시니라"는 진술은, 물리적 우주의 원시 단계의 신화적 표현을 통해, 인간 의식의 근원적 장면을 비유로 드러냅니다. 혼돈·공허·흑암이라는 부정의 토대 위에 루아크 엘로힘이 임하여 빛과 분별, 생성이 시작됩니다. 이것이 성서 이야기의 반복 구조이자, '무'의 자각을 통과한 후 '빛'이 비추는 구도의 핵심이라 하겠습니다.

빛이 있으라
첫째 날

וַיֹּאמֶר אֱלֹהִים יְהִי אוֹר וַיְהִי־אוֹר׃
하나님이 가라사대 빛이 있으라 하시매 빛이 있었고(1:3)

하나님이 말씀하시기를 "빛이 있으라" 하시니 빛이 있었고, 그 앞에도 많은 이야기가 있습니다. 그러나 창세기 1장 3절만 놓고 보면 "하나님이 말씀하시니 빛이 있었다"라고 합니다. 주어는 '하나님'입니다. 그렇다면 "그 하나님은 누구인가?"라는 질문이 필요합니다. 우리는 대개 하나님에 대해 질문하지 않습니다. 전능하시고 천지를 창조하신 분, 사도신경이 전하는 분으로서 하나님을 당연시합니다. 전지하시고 무소부재하시며 우리의 생사화복을 주관하시는 분, 그래서 "그 정도 되어야 하나님이지" 하고 더 묻지 않습니다. 폐기되어야 할 낡은 유산인 사도신경에 포획된 채 성서 읽기를 하고 있습니다.

문제는 이때 우리가 떠올리는 하나님이, 사실상 '동네 어귀의 수호신'을 하늘 어귀로 올려놓은 것과 다르지 않을 수 있다는 점입니다. 나무로 깎아 만든 '천하대장군·지하여장군'이 마을 어귀를 지키듯, 우리는 관념 속의 하나님을 하늘 어귀에 세우고, 이름만 '엘로힘'이라 바꿔 부르며 그 앞에서 엄숙해하고 헌신하고 절하는 방식으로 의미를 부여하곤 합니다. "우리가 믿는 하나님은 그 정도가 아니다"라고 자신하지만, 실제로는 얼굴과 코와 근엄한 표정을 더 정교하게 새기듯, 신학적 수사와 사상으로 관념의 신을 더 웅장하게 다듬는 것일 수 있습니다. 서구의 내로라하는 지성이 깎아 만든 서구 신학의 산물입니다.

성서는 이렇게 묻습니다. "너희가 하나님을 누구와 같다 하겠으며 무슨 형상에 비기겠느냐?" 우상은 장인이 부어 만들고 금으로 입히며 은 사슬로 장식합니다. 가난한 자는 썩지 않는 나무를 택해 공교한 장인을 불러 흔들리지 않도록 세웁니다 이사야 40:18-20. 서구 신학의 역사는 마치 "장인이 부어 만들고 금으로 입히며 은 사슬로 장식"하고 있는 것을 방불합니다. 서구의 최고 지성이 도그마화 한 신은 금으로 입히고 은 사슬로 장식된 신에 불과합니다. 서구신학이 체계화한 신론은 거개가 금 사슬, 은 사슬의 장식에 불과합니다. 우리는 흔히 "우리 하나님은 다르다. 하늘 높이 계셔서 만물을 두루 운행하시고 우리를 사랑하시며 구원하신다"라고 말합니다. 그러나 예수께서 유대인들이 세워놓은 그 '엘로힘'을 두고 "허깨비"라고 비판하신 요한복음 8장의 격렬한 신 논쟁을 기억해야 합니다. 허깨비도 공동체가 의미를 부여하면 실제 역할을 하는 듯 보입니다. 그래서 사람들은 그 앞을 지날 때 옷깃을 여미고, 불경을 두려워하며, 돌탑을 쌓고, 헌금을 드립니다. 하지만 이런 방식의 '엘로힘'이 창세기 1장 3절에서 "빛이 있으라" 하시니 빛이 있게 한 그 하나님일까요?

예수께서는 그런 '엘로힘'을 "거짓의 아비"요 "살인자"라고까지 부르십니다. 사람들을 굴복시키고 헌신과 희생, 심지어 순교까지 요구하는 그 관념의 신은, 우리 안의 성소 곧 지성소에 좌정하신 참된 하나님을 대적합니다. 하늘 어귀의 관념적 신이, 우리 안에서 일하는 성소의 하나님을 막아서는 것입니다. 그래서 성서는 그를 '마귀'요 '용'이라 부릅니다.

그렇다면 창세기 1장 3절에서 "하나님이 말씀하시되 빛이 있으라 하시니 빛이 있었다" 할 때의 그 하나님은 누구입니까? 하늘 어귀에 세워둔 관념의 신이 아니라, 우리 각자 안의 성소, 지성소에 좌정하신 하나님입니다. 그래서 그분의 빛은 종교적 감정의 고조가 아니라, 내면에서 실제로 비추어 오는 깨달음의 사건입니다. 우리는 흔히 "우리가 성전이다", "마음에 성소와 지성소가 있다"는 말을 지식으로 압니다. 다만 그 지성소가 무엇이며 어디에 어떻게 작동하는지 감각적으로 붙잡지 못할 때가 많습니다. 그럼에도 먼저 분명히 구분해야 할 것은, '관념의 엘로힘'과 '지성소의 하나님'은 다르다는 사실입니다.

이제 마태복음 13장 35-36 절을 보겠습니다. 13장은 씨뿌리는 비유로 시작합니다. 밭은 네 가지 곧 길가·돌밭·가시떨기·좋은 땅으로 나오지요. "선지자를 통해 말씀하신 바, 내가 입을 열어 비유로 말하고 창세부터 감추인 것들을 드러내려 하심을 이루려 하심이라"는 구절이 있습니다. 여기서 흔히 '창세'ἀπὸ καταβολῆς κόσμου 아포 카타볼레스 코스무를 '우주 창조 이래'로 이해하지만, 원래 표현은 '세상에 씨를 뿌리던 때부터'로 이해할 수 있습니다. 이어지는 해설에서 밭ἀγρός 이 곧 '세상'κόσμος 이라 분명히 정의되기 때문입니다마 13:38. 즉 코스모

스는 물리적 우주가 아니라 '밭', 곧 우리 마음의 땅을 가리킵니다.

좋은 씨는 '하나님 나라의 아들들'이고, 가라지는 '악한 자의 아들들'이라 합니다. 이 둘은 한 밭 안에 함께 있습니다. 우리는 흔히 사람을 보며 "저 사람은 빛의 자녀, 저 사람은 가라지"라 판단하려 하지만, 성서는 그런 외적 구분을 허락하지 않습니다. 내 안에 두 성향이 공존합니다. 그래서 타인을 향해 가라지라고 판단하고 정죄할 권한이 내게 없습니다.

요한복음 1장 10절도 코스모스를 밝혀줍니다. "그가 세상에 계셨으며, 세상은 그로 말미암아 지은 바 되었으되, 세상이 그를 알지 못하였고" 여기의 '세상'은 유대 땅 같은 물리적 영역을 가리키는 비유일 수 있으나, 궁극적으로는 각자의 '밭', 즉 내면을 지칭합니다. "자기 땅"으로 번역된 표현도 '자기 자신'으로 읽을 수 있습니다. 그는 내 안에 오셨으나, 우리는 우리 자신을 영접하지 않습니다. 내면에서 빛이 반짝이며 직관과 깨달음이 주어질 때가 있지만, 우리는 스스로 그 빛을 과소평가하고 무시합니다. 공부를 많이 한 누군가의 말은 믿어도, 내면 지성소에서 일어나는 빛은 받아들이지 못합니다.

그러나 그 빛, 곧 '말씀'을 영접하는 자에게는 하나님의 자녀가 되는 권세가 주어집니다. 여기서 '말씀'은 귀로 스쳐 지나가는 소리가 아니라, 마음판에 새겨지는 로고스입니다. 그래서 돌판에 새겨 객관 지식으로 삼는 것이 아니라, 심비心碑에 새겨 살아 움직이는 말씀이어야 합니다.

요한복음 1장 1-4절은 이렇게 말합니다. 태초에 말씀이 계시니, 그 말씀은 하나님과 함께 계셨고, 말씀은 하나님이십니다. 그 말씀 안에 생명이 있었고, 그 생명은 사람들의 빛이었습니다. 여기서 '말씀'은 지성소에 있는 증거판의 실재와도 같으며, 우리 안에서 씨처럼 뿌려져 빛으로 깨달음을 일으킵니다. 요한은 그 빛을 증언할 뿐, 빛 자체는 아닙니다. 결국 '창세부터 감추인 것'을 드러내는 창조 사건은, 우주의 물질적 기원을 설명하는 데 있지 않고, 내 안의 지성소에 계신 하나님이 내 마음 κόσμος 에 씨를 뿌려 빛을 내고, 그 빛이 자라고 열매를 맺는 생명의 사건에 있습니다. 이것이 곧 구원이요, '내가 나 되는' 존재의 회복입니다. 말씀과 내가 하나 되는 사건, 곧 진리의 사건입니다. 이것이 창세기 1장 3절 "빛이 있으라"의 깊은 뜻입니다.

반대로, 관념 속 하늘 어귀의 엘로힘은 오늘도 사람들의 정신세계를 지배하며 복종과 헌신을 요구합니다. 만약 전통문화로만 남아 더 이상 영혼을 구속하지 않는다면 문제 삼을 필요가 없겠지만, 사람을 노예화하고 진리를 가리는 강력한 권능으로 작동한다면, 우리는 그것을 분별하고 단호히 벗겨내야 합니다. 그래야 내 안에서 참 하나님이 '복권'됩니다.

결론적으로, 우리가 함께 나누는 이 '빛'은 우리를 억압에서 풀어 자유케 하고, 내 안의 하나님을 회복시키며, 나를 나답게 살게 하는 생명입니다. 성서가 증언하는 바, 이것이 곧 빛이며 구원입니다. 사실 복잡하지 않습니다. 오히려 매우 명료합니다.

윗물과 아랫물
둘째 날

וַיֹּאמֶר אֱלֹהִים יְהִי רָקִיעַ בְּתוֹךְ הַמָּיִם וִיהִי מַבְדִּיל בֵּין מַיִם לָמָיִם:
하나님이 가라사대 물 가운데 궁창이 있어
물과 물로 나뉘게 하리라 하시고(1:6)

창세기 1장은 이야기입니다. 이야기는 이야기로 보아야 합니다. 그런데 많은 분이 창세기 1장을 이야기로 보지 않습니다. 이야기를 이야기로 읽지 않고 역사적 사실로 팩트 체크하듯 읽고 있습니다. 단군 신화의 곰 이야기를 역사적 사실로 읽으면 어떤 일이 벌어질까요? 유독 창세기 1장은 역사적 사실로 믿어야 한다고 주장합니다. 이야기로 읽어야 한다는 주장은 불경 중 불경이어서 입에 올리기조차 두려워합니다.

이야기는 이야기입니다. 다만 어떤 이야기냐에 따라 그 완성도와 깊이는 달라집니다. 오래 읽히는 이야기가 있는가 하면, 잠시 읽히다 사라지는 이야기도 있습니다. 그런데 이야기를 이야기로 읽지 않고 사실 검증의 대상으로 삼으려 합니다. 그때부터 문제가 시작됩니다. 창조 이야기인데 이를 이야기로 읽지 않고 사실 확인으로 접근하면, "태초에 하나님이 하늘과 땅을 창조하셨다는 사실을 믿어야 천국에 간다, 믿지 않으면 지옥에 간다"는 구도로 흘러갑니다. 우리는 "전능하사 천지를 만드신 하나님 아버지를 내가 믿사오며"라고 고백해 왔습니다. 지금도 이를 이야기로 읽지 않고 팩트 체크 대상으로 삼아 "나는 그 사실을 믿는다"는 방식으로 종교 생활, 신앙생활에 매이곤 합니다. 그곳엔 믿는 자와 믿지 않는 자라는 이분법만 존재합니다. 대명천지에 이야기가 그렇게 흘러갑니다. 그것이 두렵습니다. 그렇게 믿기 시작하면 이야기를 이야기로 읽지 않기 때문에 어떤 일이 벌어질까요?

그렇게 믿기 시작하면, 그와 같이 믿지 않는 사람은 모두 지옥에 속한 자로 보이기 쉽습니다. 팩트 체크로 확인된 사실을 믿어야 '나는 하나님의 자녀'가 되고, 그렇지 않으면 '너희는 지옥 자식'이라는 배타성으로 흐릅니다. 그러면 "나만 옳다, 그것을 믿는 나만 옳다, 사도신경을 고백하는 사람만 정통이고 고백하지 않는 사람은 이단이다"로 굳어집니다.

이것은 많은 종교가 보이는 양상과 닮았습니다. 나와 동일한 의식을 가진 사람만 옳고, 그렇지 않은 사람은 모두 틀렸다고 여기는 집단적 배타성이 생깁니다. 이야기를 이야기로 읽지 않을 때 나타나는 위험한 현상입니다.

이는 '집단적 망상'과 다를 게 없습니다. 다소 과한 표현일 수 있으나, 의식의 균형이 무너질 때 현실 왜곡이 생긴다는 점을 말하고자 합니다. 호르몬의 균형이 깨지면 열감, 짜증, 요동이 오듯, 신앙 의식의 균형이 깨질 때도 혼란이 일어납니다. 핵심은 의식의 균형입니다. 이야기를 이야기로 읽지 않을 때 집단적 왜곡이 벌어질 수 있습니다.

오늘 다수의 그리스도인이 사도신경을 고백하며 그것을 정통이라 부릅니다. 오랜 관성으로 의식의 '주파수'가 거기에 맞춰져 있기 때문입니다. 그러나 성서는 본디 이야기로 읽는 것이 자연스럽습니다. 다만 다수가 점유한 관성에서 벗어나 이야기 독해로 전환하려면 심리적 진통이 따릅니다. 라디오 채널이 맞기 전 지직거림이 생기듯, 의식의 교란이 일시적으로 나타납니다. 성서는 이 전환을 '십자가의 도'로 비유하기도 합니다. 요한계시록의 상징처럼, 우리를 혼미케 하던 허상과의 결별이 먼저 일어나야 새 질서가 열립니다. 이 과정에서 어둠과 공허의 시간을 통과하게 됩니다. 창세기 1장 2절의 "땅이 혼돈하고 공허하며 흑암이 깊음 위에 있다"는 표현이 그 상태를 상징합니다.

히브리어 첫머리 "태초에 하나님이 하늘과 땅을 창조하시니라"는 우주 기원을 말하려는 것이 아니라, 우리 안의 의식에 '새 하늘과 새 땅'이 열리는 창조 사건을 비유로 전하는 이야기로 읽을 수 있습니다. 1장 2절이 '땅'부터 이야기하는 것도 의미가 있습니다. 성서를 보면 '땅'의 서사가 '하늘'보다 훨씬 많이 등장합니다. 애굽, 광야, 가나안, 바벨론 등 우리가 서 있는 '땅'이 달라지면 경험하는 '하늘'도 달라집니다. 애굽의 하늘, 광야의 하늘, 가나안의 하늘은 같지 않습니다. 이는 "땅에서 매면 하늘에서 매이고, 땅에서 풀면 하늘에서 풀린다"는 말씀의 비유적 뜻과 맞닿습니다. 우리가 어떤 '땅'에 서 있느냐에 따라 열리는 '하늘'의 양상이 달라집니다.

빛에 대한 구절도 그렇습니다. "하나님이 이르시되 빛이 있으라 하시니 - 예히 יהי 오르 אור- 빛이 있었고"입니다. 빛이 오면 어둠이 단번에 사라진다고만 생각하기 쉽지만, 실상 하루는 낮과 밤이 교차하며 채워집니다. 태양은 제자리에 있고, 우리가 등을 지면 밤이 오고, 다시 맞서면 낮이 옵니다. 빛과 어둠은 소멸과 적대가 아니라 리듬과 분별의 관계입니다. "빛과 어둠을 나누사, 빛을 낮이라, 어둠을 밤이라 하셨다"는 말씀이 그것입니다. 신약은 "태초에 말씀이 계시니라"엔 아르케 엔 호 로고스, ἐν ἀρχῇ ἦν ὁ λόγος"라 하여, 이 빛을 로고스 λόγος 의 비유로 풀어줍니다. 곧 창세기의 '빛'은 물리적 광이 아니라 의식의 분별을 여는 생명의 빛으로 읽을 수 있습니다.

둘째 날의 '물의 분리'도 핵심입니다. "궁창라키아 רקיע 아래의 물과 위의 물을 나누시고, 그 궁창을 하늘샤마임 שמים 이라 칭하셨다"는 대목입니다. '아래의 물'은 바깥에서 길어오는 물, 곧 외부 자극이 즉시 갈증을 달래주는 방식입니다. '위의 물'은 내면의 샘, 곧 '배에서 생수의 강이 흐르는' 근원입니다. 사마리아 여인은 야곱의 우물물을 길으러 왔지만, 예수는 그 여인 안의 샘 근원을 깨워 주셨습니다. "내가 주는 물을 마시는 자는 영원히 목마르지 아니하리라. 그 배에서 생수의 강이 흘러 나리라"는 말씀입니다. 둘째 날의 분리는 바로 이 내면의 근원을 알아차리는 전환으로 읽을 수 있습니다.

우리의 성장도 먼저 '바깥의 원리'로 시작됩니다. 부모, 교사, 또래, 사회 규범, 종교 지도자 등의 방식이 내 안에 들어와 의식을 형성합니다. 이것이 '먼저 온 것들'입니다. 사춘기에는 그것이 '나'가 아니라 '타자'였음을 자각하며 충돌이 일어납니다. 신앙에서도 마찬가지입니다. 바깥에서 길어다 주는 물로는 끝내 해갈되지 않는다는 자각을 거쳐, 내면의 샘이 열릴 때 비로소 자유가 시작됩니다. 이것이 '물과 성령 πνεῦμα 으로 거듭남'의 비유적 길입니다.

궁창 위의 물과 아래의 심연은 늘 공존합니다. 우리는 때로 빛을 마주하여 양분을 받고, 때로 등을 돌려 속을 채우며, 위와 아래를 오르내리는 순례를 합니다. 가나안 땅은 하늘의 비에 의존하여 열매를 맺습니다. 이는 언제나 통제 가능한 종교 시스템이 아니라, 열림과 기다림, 분별과 순환의 리듬 속에서 사는 신앙의 생리를 말해 줍니다.

결론적으로, 창세기 1장은 과학 교과서가 아니라 의식과 존재의 창조가 우리 안에서 어떻게 일어나는지 들려주는 이야기입니다. 이야기를 이야기로 읽을 때 배타와 강박에서 벗어나, 빛과 어둠, 위의 물과 아래의 물을 나누며 내면의 샘이 열리는 길로 나아갈 수 있습니다.

뭍이 드러나는 이야기
셋째 날

וַיֹּאמֶר אֱלֹהִים יִקָּווּ הַמַּיִם מִתַּחַת הַשָּׁמַיִם אֶל־מָקוֹם אֶחָד וְתֵרָאֶה הַיַּבָּשָׁה וַיְהִי־כֵן׃

하나님이 가라사대 천하의 물이 한 곳으로 모이고 뭍이 드러나라
하시매 그대로 되니라 하나님이 뭍을 땅이라 칭하시고
모인 물을 바다라 칭하시니라 하나님의 보시기에 좋았더라

창조 서사에서는 일곱 날이 나옵니다. 여기서 날은 '절기'로 이해해도 좋겠습니다. 존재는 시간과 함께 태어납니다. 의식의 세계가 성숙하는 것도 저녁이 되며 아침이 되는 기운의 흥과 쇠를 따라, 운동과 쉼을 좇아 이뤄집니다. 유대인의 일곱 절기에 따라 한 해의 가나안 농법이 이뤄집니다. 유월절로 시작하여, 수장절초막절로 한 해의 농법이 완성됩니다. 절기마다 하나의 마디를 이룬다고 보시면 좋겠습니다. 의식의 세계도 그렇게 태어나고 성숙해 갑니다. 칠일 창조 서사에서 '저녁이 되고 아침이 되는' 생명의 순환 원리, '날 יוֹם'에는 저녁과

아침을 이루는 생명의 역동성이 담겨 있습니다. 저녁과 아침은 대립이나 대적의 관계가 아닙니다. 어둠과 빛 또한 서로 생명을 키우고 감싸는 강보요 포대기와 같습니다. 어느 하나로만 생명이 태어나고 길러지지 않습니다.

하늘이라 불리는 궁창이 자리 잡고, 저녁이 되고 아침이 되는 한 날이 지나가며, 우리 의식의 여정에서도 분명한 전환이 일어납니다. 이 전환은 단번에 끝나는 사건이 아니라, 한동안 계속되는 호흡의 시기입니다. 우리의 삶을 세밀하게 들여다보면, 윗물과 아랫물이 나뉘는 체험(?)이 길게 이어지고, 그 사이에서 우리는 배에서 흘러나오는 생수의 강을 경험합니다. 이때 나오는 말들은 어디서 들은 것을 반복하는 차원이 아니라, 정말 내 안에서 솟아나는 이야기입니다. 성경과 견주어 보아도 어긋나지 않고, 오히려 욥과 아브라함, 그리고 다른 이들의 이야기가 내 안에서 윗물의 모습으로 비춥니다. 이 체험은 우리를 역동적으로 이끌어가고, "그렇지, 맞아!" 하고 무릎을 치게 만듭니다.

그러면서도 동시에 우리는 내 입에서 땅에 속한 말, 율법적인 말이 불쑥불쑥 튀어나오는 것 또한 보게 됩니다. 스스로

놀랍니다. "내가 또 율법을 주장하고 있네." 상징계의 대타자가 결코 쉽게 우리를 놓아주지 않습니다. 얼마나 타자가 심어 놓은 개념의 노예가 되어 있는지를 실감하는 날들을 경험합니다. 둘째 날의 분별은 선악을 재단하는 도식이 아니라, 윗물과 아랫물의 결을 알아차리는 분별입니다. 그러나 이 빛나는 시기 역시 저녁을 맞습니다. 들뜬 기운이 가라앉고, 깊은 밤이 찾아옵니다. 우리는 그 밤을 지나 수면처럼 깊이 쉬어야 합니다. 그렇게 다지고 또 다져 아침을 맞이할 때, 셋째 날의 이야기가 열립니다.

셋째 날, "하늘 아래의 물들은 한곳으로 모이고, 뭍은 드러나라" 하신 음성이 들립니다. 물이 모인 곳은 바다라 일컬어지고, 드러난 뭍은 땅이 됩니다. 이 장면은 산상수훈의 "온유한 자는 복이 있나니 그들이 땅을 기업으로 받을 것"이라는 말씀과 연결됩니다. 삶의 어느 시기, 우리는 하늘 높은 줄 모르고 자신을 최고라 여기다가도, 거울 반사처럼 깊은 나락으로 곤두박질치기도 합니다. 조증과 우울의 극단을 오가는 듯한 요동 속에서, 셋째 날의 은총은 조용히 다가옵니다. 무의식의 바다 같던 물이 한곳으로 모이며, 감추어져 있던 뭍, 곧 내 마음의 땅이 드러납니다. 그곳은 에덴의 동산이기도 하고, 그 동산을 관리하는 동산지기라는 소명이 함께 드러나는 자리이기도 합니다.

이때 우리는 양식의 전환을 배웁니다. 광야의 양식은 위에서 떨어지는 만나와 메추라기였습니다. 그러나 가나안의 양식은 내 땅에서 자라난 것을 내가 기르고 먹는 양식입니다. 셋째 날, 뭍이 드러난다는 것은 내 마음의 밭이 드러나 그곳에서 양식이 나기 시작한다는 뜻입니다. "땅은 풀과 씨 맺는 채소와, 각기 종류대로 씨 가진 열매 맺는 나무를 내라" 하신 말씀이 현실이 됩니다. 내 마음의 땅에서 향기로운 채소와 각종 열매가 자라납니다. 채소는 히브리어로 '에세브 ששב'라 하며, 영어로는 허브라 부르기도 합니다. 땅이 드러나야 비로소 씨 맺는 채소와 열매 맺는 나무가 나옵니다. 그 열매는 나만 먹고 끝나지 않습니다. 짐승과 새들이 와서 먹고, 우리도 먹습니다. 그리고 그 열매 속의 씨는 다시 뿌려져 더 많은 생명을 낳습니다. 우리 선배들이 말하던 "씨알"이라는 말처럼, 좋은 씨알은 다음 생명을 품고 있습니다. 생명의 씨알이 담긴 소리, 곧 씨알의 소리는 각자 마음 밭에서 길러져 공동체의 양식이 됩니다.

여기서 중요한 자각이 있습니다. 내 마음의 동산은 남이 대신 관리해 줄 수 없습니다. 동산지기는 아담입니다. 아담은 '사람'을 뜻합니다. 굳이 덧붙이면, '비로소 사람'입니다. 곧 '나'입니다. "나는 죽고 그리스도만"이라는 문장을 교리의 구호로만 붙잡고 내 삶의 몫을 방기하면, 우리는 쉽게 함정에 빠집니다. 그리스도와 하나 된 새로운 '나'가 세워져야 합니다. 기름 부음을 받아 새로워진 '사람'으로서, 내 마음의 동산을 맡아 돌보고 가꾸는 책임이 바로 구원의 삶입니다. 짐승에서 사람다움으로 옮겨지는 사건, 그 사건이 내 마음 밭의 경작과 보살핌으로 구체화 됩니다. 그러므로 "그분이 다 하신다"는 맹목적 신뢰, "나는 아무것도 안 해도 된다"는 방임과 동산지기는 구분되어야 합니다.

그분(?)과 하나 된 내가 내 몫을 살아내는 것이 조화입니다. 여기서 그분이란 초월 신이거나 우상화된 예수 그리스도가 아닙니다. 각자의 지극한 곳에 없음으로 있는 또 다른 '그'입니다. 원초적으로 숨어 있는 생명의 신성성입니다. 네 안에 계신 하나님입니다. 성전 안에 계신 하나님을 일컫는 것이지, 저 하늘 어귀에 초월 신으로 있는 초월자를 일컫는 게 아닙니다. '나는 죽고 그리스도만'이라는 이상한 구호가 난무하여 그리스도와 하나 된(?) 나, 그리스도화 된 나조차 거세시켜 놓습니다. 마치 식물인간처럼 사는 것이 '나는 죽고 그리스도만'이라는 구호에 걸맞은 양 안내하는 사람들도 있습니다. '나의 나 된 것'을 부정하는 모순을 낳습니다. 이것이 불교의 무아론과 결합하면 가관이 됩니다. 불교의 무아론에도 오해와 토론이 많습니다. 오온으로 점철된 나는 모든 번뇌와 망상의 근원이고, 그런 나는 내가 아니라는 것이 무아無我의 요체입니다. 동시에 고정불변한 '나'는 없다는 것이 무아의 본질입니다. 그 너머 천상천하의 별처럼 빛나는 '오로지 나唯我'조차 거세하라는 뜻이 아닙니다. '나의 나 된 것'의 존재론적인 삶은 가장 역동적이고 다른 군더더기가 없습니다. 자신의 동산을 관리하는 동산지기를 방기하지 않습니다.

동산을 실제로 관리해 보면, 생명나무만 있는 것이 아니란 사실과 마주합니다. 선악을 알게 하는 나무도 있고, 뱀의 이야기도 전개됩니다. 한마디로 동산에는 드라마가 있습니다. 그래서 성경은 두껍습니다. 요셉은 요셉의 방식으로, 모세는 모세의 방식으로, 엘리아는 엘리아의 방식으로 이야기합니다. 베드로의 십자가 이야기, 바울의 다메섹 사건은 각각 다른 표정으로 같은 원리를 증언합니다. 누구에게나 동일한 형식으로 반복되지 않습니다. 원리는 하나지만, 양태는 만 가지입니다. 그러므로 우리는 타인의 형식을 모방하기보다, 각자에게 분양된 삶의 땅에서 자기 언어로 그 원리를 읽고 말해야 합니다. 지식과 정보가 마음의 여행을 대신하게 만들면, 머리는 가득해도 밭은 비어 있게 됩니다. 삶은 정보가 아니라, 마음을 향한 여행입니다.

이제 마음의 구조를 더 깊이 봅니다. 마음에는 파도처럼 일었다 사그라지는 마음과, 깊은 바다처럼 꿈쩍하지 않는 고요한 마음이 함께 있습니다. 불교에서는 전자를 '생멸심', 후자를 '진여심'이라 부릅니다. 기쁨이 복받쳐 올라 아멘과 할렐루야가 터질 때도, 분노가 파도치듯 솟구칠 때도, 안쪽 깊은 곳에는 여전히 고요가 자리합니다. 갈릴리 호수에 광풍이 불어 배가 뒤집힐 듯할 때, 제자들은 "우리가 죽게 되었나이다"라며 요동쳤지만, 예수께서는 배 밑에서 주무시고 계셨습니다. 요나도 풍랑 중에 배 밑창에서 잠들어 있었습니다. 우리 안에도 이렇게 잠들어 있는 '고요한 나'가 있습니다. 셋째 날의 은총은 흩어져 소란하던 물들이 한곳으로 모여 고요를 이루게 하고, 그 고요 위로 내 마음의 땅을 드러나게 합니다. 그때 잠자던 '나'가 깨어나면, "바람아 잠잠하라, 물결아 그치라"는 권위가 발현됩니다. 그러므로 "마음이 청결한 자는 하나님을 볼 것"이라는 말씀은, 하나님을 마음의 눈으로 본다는 뜻입니다. 육의 눈으로 보려 집착한다면, 그 눈은 차라리 빼어버리라고까지 말씀하신 까닭을 떠올려야 합니다. 보는 기관이 다르기 때문입니다. 오온五蘊은 하나님을 볼 수 없게 하는 검은 버섯구름일 뿐입니다. 알고 있으나 알고 있지 못한 까닭은 오온을 좇아 알고 있는 것 때문에 정작 청정처의 '나'는 알지 못합니다. 무아無我란, 오온으로 알고 있는 그것은 '네 자신이 아니다', 곧 오온의 我를 부정하는 어법입니다. 그곳이 번뇌의 진흙밭이기 때문입니다. 청정처의 오직 나無我조차 부정하는 것일까요?

셋째 날의 장면을 더 세밀히 따라가 봅니다. 물은 한 곳에 모입니다. 무의식의 바다라고 부를 수 있는 영역에는 고래도, 피라미도, 메기도, 우리가 이름 모르는 수많은 생물이 자랍니다. 우리는 그 움직임을 다 알지 못하지만, 거기서는 자라남이 일어납니다. 바로 그때 뭍이 드러납니다. 마음의 땅이 모습을 드러낼 때, 시인은 "보시기에 좋았더라"고 말합니다. 이는 단순한 감탄구가 아니라, 존재의 질서가 제자리를 찾았다는 선언입니다. 물이 제자리를 찾고 뭍이 드러나야, 비로소 씨 맺는 채소와 열매 맺는 나무가 자랄 수 있습니다. 내 마음의 한 뼘 땅, 그러나 실은 우주만큼 깊은 그 땅에 씨가 뿌려지고, 향기로운 채소와 각종 과목이 열매를 맺습니다. 좋은 열매의 씨알은 다시 심겨 더 큰 생명으로 이어지고, 그 소리는 공동체를 살리는 언어가 됩니다. 그래서 우리는 각자에게서 나오는 씨알의 소리를 함께 나누기 위해 모입니다. 이 나눔이 광야의 만나에서 가나안의 양식으로 건너가는 표지요 기표입니다.

그러나 여정은 직선이 아닙니다. 가나안에 들어가서도 사람은 다시 흙으로 무너지고, 또 세워지고, 또 돌아옵니다. 분양받은 땅을 걷어차고 바벨론으로 끌려가기도 하고, 다시 돌아와 스룹바벨의 손으로 재건하기도 합니다. 에덴의 이야기가 출애굽과 포로기와 귀환으로 길게 연결되듯, 셋째 날의 짧은 구절은 인생에서 장구한 드라마로 펼쳐집니다. 법궤를 중심에 두고 요단을 건너고, 여리고를 마주하며 걸어갑니다. 중심이 있다고 해서 장애가 사라지는 게 아니라, 바로 그 중심 덕분에 건너가고 돌파하는 것입니다. 그리하여 성경은 두껍고, 우리의 동산에는 다양한 나무와 이야기들이 자라납니다. 동산지기로서 우리는 그 이야기를 매일 경작합니다.

여기서 하나 덧붙입니다. 셋째 날이 둘째 날을 배제하는 것이 아닙니다. 셋째 날은 둘째 날을 품고 갑니다. 배에서 솟는 생수는 여전히 흐르고, 그 물이 고요히 모일 때 뭍이 드러납니다. 그래서 어떤 직관은 뒤집힙니다. 위가 땅이고, 아래가 하늘처럼 느껴지는 순간이 있습니다. 하늘은 저 위에만 있는 것이 아닙니다. 아래, 배에 있습니다. 우리말로 배腹라 부르는 곳, 곧 마음의 복부입니다. 여기에서 생수의 강이 흘러나옵니다. 복부의 이미지는 헬라어로 '코이일리아 κοιλία'로도 표현되는데, 단순한 장기를 뜻하는 것이 아니라, 심연에서 솟는 생명의 원천을 상징합니다. 마음의 복부에서 생수의 강이 흘러나올 때, 물은 한곳으로 모이고, 뭍이 드러나며, 그 땅에서 생명이 자랍니다. 이것이 셋째 날의 그림입니다.

이 모든 것을 종합하면 이렇습니다.
- 둘째 날의 환희와 분별을 지나, 저녁의 가라앉음과 밤의 침잠을 통과해 새벽으로 나아갑니다.
- 무의식의 바다 같은 물이 한곳으로 모여 고요해지고, 감추어진 마음의 땅이 드러납니다.
- 드러난 땅 위에 씨 맺는 채소와 씨 가진 열매 맺는 나무가 자라, 나와 이웃의 양식이 마련됩니다. 새와 짐승들도 그것

을 양식으로 취합니다.
- 동산지기인 '사람'으로서의 내가, 기름 부음으로 새로워진 존재로 내 마음 밭을 책임 있게 가꿉니다.
- 타인의 형식을 모방하지 않고, 각자의 언어로 원리를 읽고 말하며, 씨알의 소리를 서로에게 건넵니다.
- 넘어지고 일어섬이 반복되어도, 중심을 품고 여정을 계속하며, 결국 "보시기에 좋았더라"는 고백을 현실로 살아냅니다.

그러므로 셋째 날의 비밀은 분명합니다. 내 배에서 흐르는 생수의 강이 마음의 바다를 고요하게 하고, 그 고요 위로 마음의 땅이 드러나며, 그 땅에서 생명의 씨알이 자라난다는 것입니다. 광야의 만나에만 머물지 않고, 가나안의 양식으로 옮겨가듯, 바깥에서 들은 말만 되뇌지 않고 내 마음 밭에서 길러진 언어로 살아갑니다. 그때 비로소 "보시기에 좋았더라"는 말씀이 추상이 아니라 현재형이 됩니다. 오늘 우리의 여정도 그 장면을 향해 열려 있습니다. 저녁과 밤, 그리고 새벽의 순환 속에서 더 단단해지길 바랍니다. 각자에게 분양된 마음의 땅을 부지런히 갈고, 씨를 뿌리고, 물을 주십시오. 때가 차면 풀과 채소, 그리고 씨 가진 열매가 풍성히 맺혀, 우리와 이웃의 삶을 살릴 것입니다.

위를 비추는 마음의 하늘
넷째 날

וְהָיוּ לִמְאוֹרֹת בִּרְקִיעַ הַשָּׁמַיִם לְהָאִיר עַל־הָאָרֶץ וַיְהִי־כֵן:
또 그 광명이 하늘의 궁창에 있어 땅에 비취라 하시고
그대로 되니라(1:15)

창세기 창조 이야기에 반복적으로 등장하는 "바이히 에렙 바이히 보케르 ויהי ערב ויהי בקר 저녁이 되고 아침이 되니"라는 구절의 의미입니다. 보통 우리는 아침을 하루의 시작으로 여기며, '아침이 오고 저녁이 되어서 하루'라고 생각하는 것이 일반적입니다. 그러나 성서의 어법은 '저녁이 되고 아침이 되어서 하루'라고 말합니다. 저녁이 먼저 오는 이 표현은 단순히 시간 계산법의 차원을 넘어, 생명의 원리와 인간 존재의 순리를 드러내는 중요한 단서가 됩니다. 물론 히브리인들의 사유에 깃들어 있는 방식이라고 하겠습니다.

하나님께서 "빛이 있으라!" 명하셨을 때, 얼마나 놀라운 순간이었겠습니까. 그런데 이 빛의 창조 이후에도 반드시 저녁은 찾아옵니다. 이는 빛이 완전히 중단된다는 이야기가 아닙니다. 우리를 내버려 두는 것 같을지라도 반드시 저녁이 오고, 그 뒤에 아침이 따릅니다. 저녁만 존재하는 것이 아닙니다. 어느 시기가 되면 저녁이 찾아와 권고하고 깊은 영적 잠을 자게 합니다. 어쩌면 겨울잠과 같은 시간일지도 모릅니다. 그러나 이 잠을 자야만 비로소 아침이 찾아올 수 있습니다. 이때 많은 사람들은 당황하며 의아해합니다. '나는 분명 빛도 보았고, 질서도 만났는데 왜 이런 저녁이 찾아오지?'라는 생각에 조급함과 불안을 느끼기도 합니다. 이는 '하나님 나라는 늘 환하며 어둠이 있을 수 없다'는 잘못된 관념이 우리 마음속에 깊이 자리 잡고 있기 때문입니다. 그러나 생명의 세계는 저녁과 아침이 반드시 반복되는 순환 속에 존재함을 기억해야 합니다.

셋째 날과 넷째 날: 드러나는 마음의 땅과 그 위를 비추는 마음의 하늘

셋째 날의 이야기는 어떠했습니까? 마음의 뭍이 드러나고, 바다가 한곳으로 모이며, 그 뭍 위에서 각종 채소와 열매 맺는 나무들이 나기 시작했습니다. 이 모든 생명의 탄생 이후에도 다시 "바이히 에렙 바이히 보케르저녁이 되고 아침이 되니"가 찾아옵니다. '또 무슨 일이지? 왜 다시 저녁이 오는가?' 하는 의문이 들 수 있습니다. 그리고 이 저녁과 아침이 지난 후, 넷째 날의 이야기가 시작됩니다. 하나님께서 "광명빛이 있어 주야낮과 밤를 나누게 하라"고 말씀하십니다. 여기서 또 다른 의문이 생깁니다. 아니, 이미 첫째 날에 주야가 나뉘지 않았던가요? 빛을 '욤낮, ㅁㅁ'이라 부르고, 어둠을 '밤 ㄲㄲ'이라 칭했지 않습니까. 그렇다면 이 넷째 날의 '광명'으로 주야를 나누는 것은 무엇이며, 첫째 날의 낮과 밤과는 어떤 차이가 있을까요?

넷째 날에 하나님께서는 '그 광명으로 하여 징조와 사시계절와 일자日와 연한年이 이루라'고 말씀하셨습니다. 여기서 언급되는 광명은 해와 달, 별과 같은 일월성신을 의미합니다. 이는 창세기의 일곱 번째 날의 계수 방식인 '저녁과 아침'의 개념과는 전혀 상관없는, '사시와 징조와 연한'을 이루는 특별한 주야晝夜입니다. 육체를 보아도 해와 달과 별에 의해 천체가 운행됩니다. 희한하게도 생명의 세계를 이루는 데는 달의 원리, 해의 원리, 그리고 별의 원리가 작용합니다. 여성들의 생리 주기가 달의 만월, 초생달, 상현달, 하현달의 사이클에 맞춰 형성되는 것도 그 예입니다. 해는 해의 역할, 달은 달의 역할을 하며, 북두칠성은 여행자들에게 길라잡이가 되어 줍니다.

이러한 천체 운행의 원리는 물질세계에만 국한되지 않습니다. 우리의 의식 세계와 마음 세계 또한 이 천체의 원리와 주파수가 맞춰져 있습니다. 아까 뭍이 드러나 각종 채소와 씨 맺는 과목을 가꾼다고 말씀드렸듯이, 우리의 '마음 땅' 또한 이러한 천체 운행의 원리에 따라 살아갑니다. 밤에는 잠을 자고 아침이면 눈을 뜨며, 낮에는 활동하는 주기에 우리 몸이 순응하듯, 마음의 세계 또한 이 천체의 원리에 맞춰 사이클을 이룹니다. 마음의 하늘 역시 애굽에 있으면 애굽 하늘이요, 광야에 있으면 광야의 하늘인 것처럼, 물리적으로는 같은 하늘이어도 영적으로는 다릅니다.

셋째 날 마음 땅이 먼저 드러나 채소와 과목이 열리는 땅이 만들어지면, 그에 맞춰 그 땅 위에 하늘이 형성됩니다. 이 하늘은 큰 광명, 작은 광명, 그리고 별들로 이루어져 조화를 이룹니다. 이들이 이루는 '징조'는 무엇일까요? 이는 바로 24절기와 같은 것입니다. 봄이 오는 춘분, 가을이 오는 추분처럼 농사꾼들이 징조를 통해 절기를 파악하듯, 우리 마음의 세계에도 이 징조가 존재합니다. 4계절인 '사시'와 1년 365일의 '연한'을 이루라고 합니다. 우리의 마음 세계에도 만월^{보름달}이 뜰 때가 있는 반면, 초생달이나 상현달이 뜰 때가 있으며, 어두운 때도 있고 밝은 때도 있습니다. 이러한 변화 속에서 땅에 채소와 과목을 키워나가는 것입니다. 여기서의 하루와 칠일창조의 하루는 전혀 다른 개념의 하루입니다. 칠일 창조의 하루는 일곱 절기로 비유할 수 있는 하루입니다. 의식의 세계에 펼쳐지는 일곱 절기입니다. 사시와 연한과 징조는 그 자체의 운행 원리인 동시에 일곱 날의 절기와 맞물려 있습니다.

성서에 투영된 히브리인들의 세계관이기도 합니다. 성서의 이야기 구조가 그렇게 구성되어 있습니다. 그러므로 생명의 역동적인 변화의 원리는 수많은 벡터가 작용하므로 무엇하나 동일한 게 없고 저마다 다 다릅니다. 다만, 어떤 패턴과 문양을 읽어낼 수 있을 따름입니다. 하여 생명의 세계는 천변만화입니다.

동시에, 물은 한곳으로 모이라 했듯이, 그 물은 부풀어 향하여 가까이 왔다 멀어졌다 밀물과 썰물을 일으키며 바람을 만듭니다. 그 바람은 뭍으로 들어와 각종 채소와 나무를 흔들고 살아있게 만듭니다. 바다에는 각종 생물이 살게 됩니다. 이러한 원리로 우리의 '마음의 세계' 즉, '마음 하늘'이 형성되고 '마음 땅'이 만들어져, 그 천체 운행의 원리에 따라 생명의 세계가 펼쳐져 가는 것입니다. 옛사람들은 이러한 천체 운행의 원리가 우리 마음의 세계를 비춰주는 거울이자 징조이며 비유라 하여 시를 써놓았습니다. 창세기는 창조 서사이기도 하지만, 하나의 아름다운 서사시입니다.

마음의 농사와 영적 순례의 길

이 운행의 원리 안에는 밤과 낮이 공존합니다. 우리 마음은 끊임없이 무엇인가를 향해 나아갑니다. 사랑을 향해 가고, 사랑을 찾아 떠납니다. 하늘에 떠 있는 태양은 사랑을 은유합니다. 우리 마음은 사람을 중심에 두고 돌고 돕니다. 자전과 공전이 해를 중심으로 움직이듯, 우리 마음은 사랑을 중심으로 움직입니다. 사랑에 주려 있고, 사랑을 찾아 떠나는 것입니다. 그 빛이 비춰오면 기쁘고, 어둠이 찾아와도 또 기쁩니다. 어둠 또한 만월달과 하현달이 있듯이, 그것은 생명의 세계에서 마음의 세계에 각종 나무와 채소를 가꿔 나가는 원리입니다. 이것이 바로 우리 마음의 세계에 대한 다양한 그림입니다.

이러한 순리를 인정하고 받아들이면 우리의 삶은 매우 수월해집니다. 마음이 얼어붙은 겨울 땅과 같은데도 억지로 곡괭이를 들고 씨앗을 뿌리겠다고 한다면, 제대로 된 열매를 맺기 어렵습니다. 씨앗은 봄에 뿌려야 하는 법입니다. 마음이 준비되지 않은 사람에게 아무리 좋은 것을 주어도 소용이 없습니다. 마음이 동할 때, 우물물에 천사가 내려오는 것처럼, 자연의 원리가 마음의 세계에도 그대로 적용됩니다. 우리 안의 해와 달과 별, 즉 소망들은 이기적인 소망이 아니라, 인생의 길을 잃었을 때 나침반이 되어주는 존재들입니다. 밤하늘의 별을 보며 길을 찾아 앞으로 나아가듯, 우리 마음의 세계에도 방향을 잡을 수 있는 '일곱 별'이 있습니다. 계시록에 나오는 일곱 에클레시아 즉, 마음의 성전 안에 있는 일곱 등대와 촛대들은 바로 밤하늘의 별들을 상징합니다.

밤이 나쁜 것입니까? 달이 싫고 태양만 좋다고 말할 수 있을까요? 시편 기자는 '정오의 태양에 상치 않게 하시고'라고 합니다. 정오에 작열하는 태양 아래 있으면 죽을 수도 있기 때문입니다. 구름이 와서 그 빛을 가려줘야 합니다. 그러니 달은 싫고 태양만 좋다는 식의 이분법적인 사고는 옳지 않습니다. 우리 마음 안에는 태양이 뜰 때도 있고, 달이 뜰 때도 있으며, 어둠이 찾아올 때도 있습니다. 그리하여 레바논의 백향목처럼 나무가 숲을 이루면, 그 숲 안에 작은 승냥이도 머물고 사자도 자기 생명의 세계를 이루며, 넓은 가지에는 새들이 둥지를 틉니다. 이것이 바로 생명의 세계의 '오페라하우스'이자 '오케스트라'입니다. 생명의 오케스트라가 우리 마음의 땅에도 아주 자연스럽게 무성한 숲을 이루어가는 것입니다. 이 모든 이야기가 아직 넷째 날의 이야기입니다. 이것이 영적 순례의 길이자 '천로역정 Pilgrim's Progress'입니다.

이 모든 일들은 어디에서 이루어지는 것일까요? 바로 우리 의식의 세계, 우리 마음의 세계에서 이루어지는 것입니다. 경전이라는 것은 마음의 세계에서 이루어지는 이야기를 담아 놓은 것입니다. 이것은 '나'의 이야기입니다. 창조주께서 '아, 글쎄 그랬다네' 하는 식의 이야기로만 읽으면 그것이 나와 무슨 상관이 있겠습니까? 우리는 위대하고 엄위하신 창조주께 가서 절하고 예배하며 헌신해야 한다고 배웠지만, 그런 식으로 사람 위에 군림하는 신은 깡패와 다름없습니다. 자녀를 낳아 놓고 '내가 너를 낳았으니 나를 위해 살아라'라고 말하는 부모는 없습니다. 종교라는 이름으로 모든 사람을 창조주 앞으로 끌고 와 노예와 종으로 만들고 있다면, 그것은 우상에 행하는 짓입니다.

이 모든 경전은 우리 마음의 세계가 어떻게 동산지기가 되어 열매를 맺고, 우리가 나답게 빛을 비추며 살아갈 것인가를 안내하기 위한 것입니다. 우리 안에 있는 기름부음, 관유가 마음의 등대에 흘러들어 빛을 비추게 하고, 일곱 별로 반짝이게 하는 것입니다. 옛사람들이 인생보다 못한 악한 신을 섬기게 하려고 이러한 시를 짓고 창조 설화의 이야기를 그려 놓지는 않았을 것입니다.

따라서 우리는 이러한 진실을 알려주어야 합니다. 많은 이들이 여전히 옛 방식에 묶여 부역하고 있기 때문입니다. 이것이 바로 굿뉴스 Good News 입니다! 복된 소식이 아니라, 진짜 '좋은 소식'입니다. 단지 '복만 받겠다'고 한다면 할 말이 없습니다. 이것이 우리의 여정이자 발걸음입니다. 징조와 사시와 일자와 연한을 이루라고 말씀하신 이유가 여기에 있습니다. 농사를 잘 짓는 사람들은 철을 압니다. 콩데이를 아시나요? 콩을 심는 날입니다. 온난화로 시기가 좀 늦춰졌지만, 옛날 콩데이 대로 심어야 콩이 잘 자라고 제 때에 결실한다고 합니다. 농부들의 지혜입니다. 모든 것이 그때에 따라 이뤄집니다. 이것은 크로노스 Χρόνος 가 아닌 카이로스 Καιρός 입니다. 그 징조를 '카이로스'라고 합니다. 요한계시록에서 '때가 가깝다'고 할 때, 이는 '카이로스 엥구스 Καιρὸς ἐγγύς'를 의미하며, 아, 지금이 콩 심을 때이구나, 팥 심을 때이구나, 추수할 때이구나 하고 깨닫는 그 '때'입니다.

추수할 때 추수하지 않으면 보리가 싹이 나는 것처럼, 각자에게는 그때가 있는 것입니다. 마음 땅에서 채소와 과목을 내고 가꾸려면, 내 마음에서 이루어지는 천변만화千變萬化의 변화에 대해 그 징조를 잘 알아채면 마음이 편해집니다. 비가 오지 않는다고 안달복달하는 대신, 때가 되어야 하늘에서 비를 내릴 것을 기다릴 줄 알아야 합니다. 이제 우리는 마음 농사꾼으로 초대받은 만큼, 철을 알고 징조를 알아야 합니다. 하늘의 운행, 즉 천체의 운행 원리를 알아야 마음 농사를 지을 수 있습니다. 누군가와 관계할 때도 그 마음의 상태와 징조를 보아가며 우격다짐하지 않고, 때에 맞춰 씨를 뿌릴 때 뿌리고,

물을 줄 때 물을 주고, 스스로 하늘의 비를 내릴 수 있도록 기다려야 할 때 기다리며 지켜보는 것이 중요합니다. 이것이 우리의 마음을 다스리는 법이자, 우리가 관계하는 흐름입니다. 이 흐름에 따라서 이제 시작되는 여행이 넷째 날의 여행입니다.

그러므로 첫째 날, 둘째 날, 셋째 날의 여행과 넷째 날에 있는 사시와 징조와 연한을 이루라는 것, 그리고 주야를 이루라는 이 '주야'는 전혀 다른 개념입니다. 넷째 날의 별과 사시, 징조와 연한은 우리 마음의 세계에서 이루어져 나가는 자연의 원리이자 순리입니다. 저 바깥의 자연만이 자연의 원리가 아닙니다. 이 마음의 세계 또한 그 천체 운행의 원리에 따라서 생명의 세계가 펼쳐져 갑니다. 그러나 우리는 요즘 어떻게 합니까? 강제로 생리 주기를 바꾸기 위해 약을 먹고, 여행을 가야 한다며 약국에 의존합니다. 그렇게 해서는 안 됩니다. 이는 몸의 균형을 교란시키는 행위입니다. 타인의 마음이 그러하다면, 그런 마음을 인정하고 기다려야 합니다. 종교 지도자들이 약국서 약을 조제해, 주기를 바꾸려고 해서는 안 된다는 것입니다. 그래서 넷째 날 이야기는 우리에게 매우 중요합니다.

창조의 일곱 날은 유대교의 일곱 절기와 상응합니다. 유월절, 무교절, 초실절, 칠칠절^{오순절}, 나팔절, 속죄일, 초막절^{수장절}은 가나안의 농법과 관계가 있습니다. 일년 농사의 기간을 일곱 절기로 구분합니다. 영적인 여행에도 일곱 절기, 곧 일곱 날로 계수됩니다. 물론 이것은 히브리인들의 문화 속에 담겨 있는 영적인 계수법이라 하겠습니다. 넷째 날의 사시와 징조와 연한은 일곱 날을 사는 동안에 찾아오는 하늘과 땅의 변화에 대한 영적 센서의 새로운 작동입니다. 일곱의 분류 안에는 삼백 예순 다섯의 날이 포괄되어 있습니다. 365일을 일곱 날, 혹은 일곱 절기로 구분할 수 있다는 얘기입니다. 이 분별의 자각이 네 번째 날에 이르러서야 시작되고, 천기의 분별과 징조와 변화의 내적 센서가 작동한다는 얘기입니다.

내 마음에 팔뚝 같은 그 밝은 만월^{보름달} 같은 밝음만 주장하지 마십시오. 밝음은 딱 하루뿐입니다. 대보름달은 딱 하루 뜨고, 다음 날 보면 쪼그라들어 있습니다. 아무리 8월 대보름달이 좋다고 해도, 그다음 날 8월 16일에는 찌그러지기 시작합니다. 이것이 원리입니다. 사람이 변덕이 죽 끓듯 하는 것이 아니라, 우리 마음의 흐름 자체가 그러한 변화의 원리에 따라 움직입니다. 그러므로 고정된 나는 있을 수 없습니다.

그 변화를 인정해야 합니다. 그래야 그것이 살아있는 것입니다.

배우자에게 "왜 그렇게 변덕을 부리냐"고 말하지 마십시오. "어제는 그러더니 오늘은 왜 이러냐"고 따지지 마십시오. 분명 어떤 이유가 있을 것입니다. 우리는 왜 이토록 정형화된 틀을 만들어 놓고 그 틀에 맞추려 하는지 모릅니다. 이 세상에 그러한 공식과 정답에 맞춰지는 삶이란 없습니다. 우리는 많은 말을 하지만, 그 말도 그 순간에 그러할 뿐입니다. 시간이 지나면 그 말은 더 이상 그 말이 아닙니다. 생명의 원리란 그럼에도 불구하고 나는 나이고, 너는 너이며, 그 모양이 달라지지 않는다는 것입니다. 그 안에 있는 수많은 변화가 우주 만물을 살리는 에너지입니다. 그 변화를 다 받아들이고 존중하며 인정해야 합니다. 그렇게 한다면 다툼과 갈등은 훨씬 줄어들 것입니다. 더 이상 상대를 달달 볶지 않을 것입니다. 자녀에게 "왜 그러고 사니? 아빠가 그렇게 하지 말라고 했지 않니"라고 말하지 않을 것입니다. 이제는 그렇게 살 수 없게 되었습니다. 내 말 대로가 아니라, 자녀 안에 있는 생명의 원리대로 살아가게 되어 있습니다.

옛사람의 방식대로 광명과 작은 광명, 그리고 일월성신을 무심결에 보지 마십시오. 내 안에 있는 이 일월성신의 원리에 우리는 모두 순응해야 하지만, 다른 사람에게 있는 마음의 변화에 대해서도 민감하게 보고 존중해야 합니다. 그 징조를 따라서, 씨를 뿌려야 할 때가 아닌데 억지로 뿌리는 것을 '철없다'고 말합니다. 철을 모르기 때문입니다. 씨를 뿌려야 할 때인데 나무 그늘에서 낮잠을 자고 있는 것도 철모르는 행위입니다. 씨를 뿌려야 할 땐 뿌리고, 나무 그늘에서 쉬며 노래할 땐 노래하고, 삶의 흐름을 존중해 주며 가면 됩니다. 이것이 넷째 날의 이야기입니다. 넷째 날 우리 마음에는 우주가 탄생합니다. 큰 광명과 작은 광명이 밤과 낮을 이루며 빛을 비춥니다. 사시와 징조를 이루며 나이테를 만들어갑니다. 일곱 날과의 조화 속에 진행됩니다. 밤하늘에는 별과 별이 수 놓습니다. 넷째 날에는 소우주에 멋진 하늘이 생겨나는 날입니다. 이것이 창세기 이야기, 창조 설화의 아름다운 시어詩語입니다.

빛 אוֹר, φῶς 과 바람 רוּחַ, πνεῦμα 의 서사
다섯째 날

וַיֹּאמֶר אֱלֹהִים יִשְׁרְצוּ הַמַּיִם שֶׁרֶץ נֶפֶשׁ חַיָּה וְעוֹף יְעוֹפֵף עַל־הָאָרֶץ עַל־פְּנֵי רְקִיעַ הַשָּׁמָיִם:

하나님이 가라사대 물들은 생물로 번성케 하라
땅 위 하늘의 궁창에는 새가 날으라 하시고(1:20)

다섯째 날 창조, 무의식의 바다에서 생명의 비상으로

창세기의 다섯째 날은 물과 궁창, 곧 바다와 하늘에서 생명이 번성하는 이야기를 들려줍니다. 하나님께서는 "물들은 생물로 번성하라" 명하셨고, "궁창에는 새가 날아다니라" 하시어 바다의 크고 작은 생물들과 날개 가진 새들을 각기 종류대로 창조하였습니다. 그리고 그들에게 복을 주며, 바다에 충만하고 땅 위에도 번성하라고 명하셨습니다. 저녁이 되고 아침이 되니, 이는 다섯째 날이었습니다.

이 장면은 앞선 날들의 흐름과 맞닿아 있습니다. 넷째 날은 광명과 계절, 해와 달과 별들의 운행 원리를 세운 날이었습니다. 셋째 날에는 물과 뭍이 나뉘고, 땅에서 각종 채소와 열매 맺는 식물이 돋아났습니다. 그보다 앞선 둘째 날에는 위의 물과 아래의 물이 나뉘어 궁창이 세워졌지요. 요컨대, 하늘과 땅과 바다의 질서가 갖추어진 뒤, 그 질서 위에 생명들이 채워지는 과정이 다섯째 날에 본격적으로 펼쳐집니다.

하지만 이 이야기를 단지 자연사적 사건으로만 읽기보다는, 우리의 내면과 의식의 여정을 비추는 거울로도 읽을 수 있습니다. 위의 물과 아래의 물의 분리, 뭍의 드러남, 하늘의 광명과 운행 원리, 그리고 생명의 충만은 우리 의식이 형성되고 성숙하는 내적 과정과도 닮아있습니다. 여기서 바다는 '의식되지 않은 의식', 곧 무의식을, 뭍은 '의식의 토대', 곧 자각된 마음의 지반을 상징합니다. 다섯째 날에 바다에서 생물이 넘쳐나고 하늘에 새가 날아오르는 장면은, 무의식의 심연에 잠겨 있던 기억과 상처, 가능성과 에너지가 생명력으로 전환되어 의식의 하늘에서 통찰과 지혜로 비상하는 과정을 은유합니다.

분리와 성장: 어머니의 품에서 사회의 장으로

우리의 의식은 태어남과 동시에 시작되지만, 처음에는 미약하고 외부와 거의 일체감 속에 존재합니다. 태중과 유아기의 시간 동안 우리는 어머니와 하나로 살아갑니다. 젖을 통해 양식을 공급받고 품을 통해 안정을 얻으면서, 어머니와의 일체감은 세계 전체와의 합일처럼 느껴지기도 합니다. 그러나 젖을 떼고, 품에서 분리되는 순간이 찾아옵니다. 이는 심리적으로 '거세의 공포'로 체감되기도 하는 첫 분리의 경험입니다. 어머니와의 융합 상태가 깨어지는 순간, 두려움과 공포의 기억이 무의식 깊은 곳에 퇴적됩니다.

이후 우리는 사회화라는 또 다른 분리와 진입의 과정을 겪습니다. 유치원에 가고 또래 집단 속으로 들어가며, 규칙과 경쟁, 인정과 배제를 배우게 됩니다. 이 과정에서 '아버지의 원리'라 부를 수 있는 사회적 생존의 법칙 – 힘, 규범, 역할, 질서 – 이 우리에게 주입됩니다. 맞서 싸우고, 소외되지 않으려 애쓰며, 점차 스스로 서는 방법을 익힙니다. 겉으로는 단단해지는 과정 같지만, 안쪽에서는 수많은 상처와 공포가 켜켜이 쌓입니다. 그것들은 의식의 표면을 스쳐 가기도 하지만, 대부분은 바다처럼 깊은 무의식의 저장고로 흘러 들어갑니다.

거울 단계와 이상적 자아의 세움과 해체

우리는 성장하는 동안 끊임없이 '거울'을 봅니다. 처음의 거울은 어머니, 유치원 선생님, 초등학교 선생님일 수 있고, 이어서 소방관이나 역사적 위인, 사회가 칭송하는 영웅의 모습이 되기도 합니다. 외부의 타인을 거울 삼아 미래의 '나'를 상상하고, 이상적 자아상을 세웁니다. "나는 저 사람처럼 될 거야." 이 상상은 한편으로 우리를 성장시키는 동력이 됩니다. 하지만 시간이 흐르며, 우리는 그 상像들이 결국 '나'가 아닌 '타자'였음을 깨닫습니다. 그 깨달음과 함께 우리는 이전에 세워놓은 우상을 하나씩 '죽이는' 작업을 시작합니다. 유치원 선생님을 향한 동경도, 특정 직업에 대한 환상도, 위인에 대한 숭모도 차례차례 의식 속에서 퇴장합니다. 이 일련의 '죽임'은 잔혹한 살인이 아니라, 내가 나가 되기 위해 거쳐야 하는 해체의 의식입니다.

그리고 마지막에 남는 것은 '절대 타자'—신에 대한 상상일 때가 많습니다. "하나님의 종이 되어 사명을 이뤄야 한다"는 이상은 최상위의 이상적 자아상으로 자리 잡곤 합니다. 그러나 이마저도 외부에 투사된 상상이라면, 결국 그 또한 해체의 대상이 됩니다. 외부의 절대 타자를 향한 상상이 깨지고 나서야, 비로소 본문에서 말하는 새로운 시작, 빛 אור. φῶς 과 바람 רוח. πνεῦμα 의 서사가 열립니다. 그때부터 신성은 바깥의 절대가 아니라, 내면 깊은 곳에서 '드러나는' 실재로 경험됩니다.

무의식의 바다: 상처의 씨앗과 생명의 씨앗

셋째 날의 이야기에서 물이 한곳으로 모여 바다가 되고, 뭍이 드러나듯, 우리의 내면에서도 의식과 무의식의 경계가 서고, 무의식의 바다는 하나의 '저장고'로 수렴됩니다. 그 안에는 우리가 떠나보낸 수많은 상, 해체된 이상들, 성장의 과정에서 받은 상처, 기쁨과 분노, 두려움과 수치의 기억이 '씨앗'처럼 남습니다. 그것들은 죽은 듯 보이지만, 완전히 사라지지 않습니다. 그래서 누군가 그 씨앗을 건드리면, 오래된 감정이 갑자기 솟구치기도 합니다. 무의식은 감옥 같고, 그 안에는 괴물 같은 것들이 살고 있는 듯 느껴집니다. 성서적 상징으로 말하자면, 리바이어던 לויתן/תנין – 바다의 큰 괴물 – 이 그곳에 둥지를 틀고 있는 셈입니다.

다섯째 날의 창조는 바로 이 지점에서 빛을 발합니다. 창조의 빛이 무의식의 바다에 비출 때, 그 괴물 같은 잔재들이

'생물'로 변환됩니다. 더 정확히 말하면, 나를 공격하고 파괴하던 감정과 기억이, 나를 살리고 키우는 에너지로 종^{種} 변화됩니다. 세례의 상징처럼, 물속에서 다시 태어나는 변환이 일어납니다. 과거의 상처가 더 이상 변명의 도피처가 되지 않고, 나를 일으키는 발효 종균처럼 작동합니다. 공황과 우울로 나를 감추던 가면페르소나은 그 빛 앞에서 서서히 떨어져 나가고, 감옥의 문은 안쪽에서 열립니다. 옥에 있는 영들에게 복음이 전파되는 것처럼, 내 무의식의 깊은 곳까지 생명의 소식이 스며듭니다.

가면의 해체와 통합의 시작

우리는 누구나 사회적 가면을 씁니다. 부모가 기대하는 자녀상, 공동체가 요구하는 신자상, 동료가 선호하는 동료상 - 이 모든 것은 관계를 위해 필요한 장치일 수 있습니다. 그러나 가면이 두꺼워질수록, 안쪽의 나는 더 움츠러듭니다. 웃지만 웃음이 아니고, 친절하지만 생기가 없으며, 겉으로는 그럴 듯해도 속에서는 추위에 떨게 됩니다. 이런 괴리는 오래도록 무의식의 바다를 탁하게 만듭니다.

하지만 창조의 빛, 내면에 드러나는 신성의 자각 דבר, λόγος

이 비추기 시작하면 상황이 바뀝니다. 절대 타자를 바깥에 투사하던 상상과 상징의 구조가 깨지고, 내 안의 거룩이 숨을 쉽니다. 그때부터 무의식의 괴물들은 더 이상 나를 억압하는 타자가 아니라, 나를 이루는 생명 자원으로 전환됩니다. "나는 이런 상처를 지녔다"는 고백은 더 이상 숙명이 아니며, 새로운 나를 낳는 씨앗이 됩니다. 트라우마를 도피처로 삼지 않고 도리어 생명의 꽃을 피우는 자양분과 디딤돌로 삼습니다. 가면은 찢기고, 휘장은 갈라지며, 은밀한 곳에 갇혀있던 내면의 요소들이 의식 속으로 불려 나와 통합됩니다. 이때 일어나는 변화가 바로 다섯째 날의 복, 번성과 충만의 은총입니다.

바다의 생물과 하늘의 새, 상징의 변환

본문은 바다의 생물과 하늘의 새를 함께 말합니다. 바다의 생물은 무의식의 원초적 에너지, 잊힌 기억, 상처의 잔재, 창조적 잠재력을 상징합니다. 하늘의 새는 의식의 하늘에서 작동하는 지혜와 통찰, 깨달음의 사유를 상징합니다. 바다에서 끌어올린 고기가 공중으로 치솟는 순간, 그것은 상징적으로 '새'가 됩니다. 태풍이 바다에서 물기둥을 말아 올려 산자락에 빗물과 함께 생명을 떨어뜨리듯, 한바탕 요동치는 정화의 과정은 무의식의 자원을 의식의 지혜로 전환합니다.

그러나 하늘엔 언제나 좋은 새만 있는 것은 아닙니다. 죽은 시체를 쫓는 새가 있듯, 악한 지식과 왜곡된 지혜도 날아다닙니다. 그래서 우리는 분별이 필요합니다. 무엇이 생명을 살리는 지혜인지, 무엇이 생명을 갉아먹는 꾐인지 살피는 감각이 요구됩니다. 다섯째 날의 복은 단순한 번성이 아니라, 생명을 살리는 방향으로의 번성입니다. 하나님이 보시기에 좋은 생장, 사람을 사람답게 하는 충만이 그 기준입니다.

사람 낚는 어부, 전도의 은유가 아니다

예수께서 베드로에게 "사람 낚는 어부가 되게 하리라"고 하신 말씀은, 종종 단순한 전도의 임무로 이해됩니다. 그러나 다섯째 날의 상징과 겹쳐 보면, 이 표현은 무의식의 바다에서 생명을 길어 올려 의식의 하늘로 솟구치게 하는 변환의 소명을 가리킵니다. 요한복음의 긴 흐름은, 바다세의 심연에서 생명을 건져 올리고, 다시 살리는 이야기로 읽을 수 있습니다. 마지막 장에서 베드로가 다시 부름을 받는 장면은, 이 소명이 권력의 획득이나 세속적 지배가 아니라, 생명 회복의 소명임을 확인시켜 줍니다. 낚는다는 것은 지배가 아니라 구원이고, 끌어올림은 굴복이 아니라 변환입니다. 무의식의 깊은 곳에 잠들어 있던 상처와 잠재력을 건져 올려, 사람을 '사람답게'

하는 일, 그것이 사람 낚는 어부의 참된 의미입니다.

복과 찬미, 번성의 노래

본문에서 복이라는 말이 처음 본격적으로 울립니다. 복은 단순한 물량의 증가가 아니라, 하나님이 보시기에 '좋음'—존재가 제 자리를 찾아 따로 또 함께 조화를 이루는 상태를 뜻합니다. 바다의 생물들이 종류대로 번성하고, 하늘의 새들이 제 역할을 다할 때, 그 조화는 노래가 됩니다. 신약의 언어로 말하면, '유'εὖ 좋음, 아름다움와 '로게오'λογέω 말하다, 찬양하다가 만납니다. 복은 곧 노래고, 노래는 곧 충만입니다. 상처가 자원이 되고, 기억이 지혜로 변환되는 그 과정 자체가 가슴이 열리며 혀가 풀리는 노래의 사건입니다. "아름답구나, 참 복되구나, 사람이 사람답구나." 이 고백이 다섯째 날의 노래입니다.

무의식의 창고는 예술과 창조의 에너지 보고寶庫

무의식의 바다는 한때 감옥처럼 느껴졌습니다. 그러나 창조의 빛이 비춘 뒤에는 무한한 에너지의 창고가 됩니다. 그곳에서 시가 태어나고, 음악이 솟고, 이야기와 예술이 흐릅니다. 과거의 상처는 버려야 할 쓰레기가 아니라, 한 번은 부정되되 다시 긍정되어 통합될 자산입니다. 효소가 오래된 재료를 발효시켜 풍미와 영양을 더하듯, 우리의 무의식은 오래된 기억을 숙성시켜 새로운 생명력으로 되돌려 줍니다. 다섯째 날의 복은 바로 이 '발효'의 은총입니다. 우리가 감옥이라 여겼던 그 장소가, 실은 생명의 보고였음을 알게 되는 통찰, 그 깨달음이 우리를 앞으로 나아가게 합니다.

리바이어던 길들이기, 공포의 변환

무의식의 괴물, 리바이어던은 종종 우리를 현실에서 도피하게 만들고, 타인의 말과 시선을 왜곡하여 인지하게 하며, 스스로를 갉아먹도록 유혹합니다. 그러나 다섯째 날의 빛이 임하면, 괴물은 먹잇감이 아니라 '먹을거리'가 됩니다. 나를 삼키던 힘이 나를 살리는 힘으로 변환됩니다. 이때 중요한 것은 회피가 아니라 직면, 은폐가 아니라 고백, 분열이 아니라 통합입니다. 속사람을 가두던 가면을 찢고 나올 때, 바다가 생명을 낳고, 하늘이 지혜를 낳습니다. 번성은 숫자의 문제가 아니라, 이런 변환이 일어나는 자리를 가리키는 말입니다.

어떤 새를 키울 것인가
하늘에는 다양한 새가 납니다. 생명을 살리는 지혜의 새도 있고, 죽음을 먹잇감으로 삼는 검은 새도 있습니다. 정보와 지식이 넘치는 시대일수록, 우리는 어떤 지식을 먹고 어떤 지혜를 키울지 분별해야 합니다. 분노를 부추기는 지식, 혐오를 정당화하는 지식, 상처를 우상화하는 지식은 결국 우리 내면의 괴물을 먹이고 키웁니다. 반대로, 상처를 생명으로 변환하는 지혜, 타인를 살리는 지혜, 관계를 회복하는 지혜는 새 창조의 날갯짓을 돕습니다. 다섯째 날의 복을 누리려면, 어떤 새를 내 하늘에 풀어놓을지, 어떤 새집을 지을지 신중해야 합니다. 그 같은 분별이 선명해집니다.

다섯째 날을 사는 법

- 과거를 직면하되, 과거에 머물지 마십시오. 상처의 기원을 파악하는 것은 중요하지만, 그것을 정체성으로 온전히 동일시하면 괴물이 커집니다. "나는 상처 그 이상"이라는 태도가 변환의 출발점입니다.
- 감정의 파도를 억누르기보다 안전하게 흘려보낼 수 있었으면 좋겠습니다. 노동, 운동, 글쓰기, 호흡, 걷기, 예술적 표현은 바다의 물결이 갇히지 않도록 돕는 통로가 됩니다. 자신과 잘 맞는 방법을 찾아가는 것이 중요합니다.
- 관계에서 가면을 조금씩 벗는 연습을 하십시오. 처음부터 전부를 드러낼 필요는 없습니다. 상담은 때로 독이 되기도

합니다. 그러나 안전한 관계에서 '작은 진실'을 나누는 일은 휘장을 찢는 조용한 연습이기도 합니다.
- 좋은 지혜의 새를 길러주십시오. 몸을 돌보고, 수면을 지키고, 폭력적인 정보 섭취를 줄이며, 생명을 살리는 이야기를 가까이 하는 것도 중요합니다.
- 신성의 자각을 일상으로 옮기십시오. '어딘가 멀리 있는 절대초월의 신'가 아니라 '안에서 깨어나는 거룩'을 의식하는 짧은 기도와 침묵은, 바다의 생물을 하늘의 새로 변환시켜 줍니다. 호크마와 비나의 하늘이 열렸으면 좋겠습니다.

창조는 언제나 현재 진행형

다섯째 날은 아직 여섯째 날, 곧 사람의 형상과 모양에 이르기 전의 이야기입니다. 하나님의 형상과 모양은 결국 사람의 형상과 모양의 궁극이기도 합니다. 그러나 이미 생명이 충만해지고, 지혜가 날개 짓하며, 복을 노래하는 초입에 서 있습니다. 우리의 내면에서도, 무의식의 바다가 정화되고, 상처의 씨앗이 생명의 씨앗으로 바뀌며, 가면 뒤의 내가 빛으로 걸어 나오는 변화가 일어나고 있습니다. '하나님이 보시기에 좋았더라'는 선언은, 과거의 아름다운 순간에만 해당하지 않습니다. 오늘, 여기, 나의 내면에서 다시 이루어지는 창조에도 동일하게 울립니다. 아니 언제나 후자가 리얼입니다. 텍스트는 과거의 기록을 위해 존재하지 않습니다. 창조 서사는 오늘, 내 안에서의 창조 서사를 위해 기록된 것이지 과거 어느 날 하나님의 찬란한 창조 업적을 홍보하기 위함이 아닙니다.

그러니 두려워 마십시오. 바다의 깊이는 깊을수록 에너지가 풍부하고, 하늘은 넓을수록 새들이 자유롭습니다. 다섯째 날의 복은, 바로 당신의 바다와 당신의 하늘에서 지금도 진행 중입니다. 생물을 번성하게 하고, 새들을 날게 하는 그 빛이, 오늘의 나를 내일의 나로 이끌 것입니다. 그리고 결국, 사람을 낚는 어부의 소명은 타인을 조종하는 기술이 아니라, 나와 타인의 바다에서 생명을 건져 올리는 연대의 기술임을, 우리는 삶으로 배우게 될 것입니다. 하나님이 보시기에 좋았더라. 그 말씀이 당신의 하루에도, 당신의 바다에도, 당신의 하늘에도 고요히 스며들기를 희망합니다.

말문
여섯째 날 1

וַיֹּאמֶר אֱלֹהִים תּוֹצֵא הָאָרֶץ נֶפֶשׁ חַיָּה לְמִינָהּ בְּהֵמָה וָרֶמֶשׂ וְחַיְתוֹ־אֶרֶץ לְמִינָהּ וַיְהִי־כֵן׃

하나님이 가라사대 땅은 생물을 그 종류대로 내되 육축과 기는 것과 땅의 짐승을 종류대로 내라 하시고 그대로 되니라(1:24)

창세기 1장 24절에는 여섯째 날의 창조가 본격적으로 전개됩니다.

하나님이 이르시되, 땅은 생물을 그 종류대로 내되, 가축과 기는 것과 땅의 짐승을 종류대로 내라 하시니라.

이어서 본문은 하나님께서 각 생물을 그 종류대로 만드셨고, 그 결과를 "보시기에 좋았더라"라고 평가하셨다고 증언합니다.

이 대목은 여섯째 날의 서론적 부분에 해당하며, 이어 26절에서는 인간 창조와 인간에게 주어진 사명, 곧 다스림에 관한 말씀이 이어집니다.

우리의 형상을 따라 우리의 모양대로 우리가 사람을 만들고 그들로 바다의 고기와 공중의 새와 가축과 온 땅과 땅에 기는 모든 것을 다스리게 하자.

하나님께서는 자신의 형상대로 사람을 창조하시되 남자와 여자로 지으시고, 복을 주시며 생육과 번성, 충만과 정복, 그리고 모든 생물에 대한 다스림을 명하십니다. 또 사람의 먹거리로 씨 맺는 채소와 열매 맺는 나무의 열매를 허락하시고, 땅의 모든 짐승과 공중의 새와 땅에 기는 모든 것에게는 푸른 풀을 먹이로 주셨습니다. 창조의 여섯째 날은 이렇게 "심히 좋았더라"는 선언과 함께 저녁과 아침으로 마무리됩니다.

일반적으로 우리가 접하는 성경 판본에서는 장과 절이 명확히 구분되어 있어, 여섯째 날 이야기를 창세기 1장의 결말로 읽는 데 익숙합니다. 다만 학계의 전통에 따르면, 오늘날의 장절 구분은 본래 원문 작성 당시부터 존재했던 것이 아니며, 후대 필사·편집·인쇄의 과정에서 장절 분류를 하게 되고 오늘과 같은 체제가 정착되었습니다. 이러한 사실은 본문 해석의 핵심을 바꾸지는 않지만, 독자가 내러티브를 조금 더 유연하게, 하나의 거대한 흐름으로 읽도록 돕는 배경 정보가 됩니다. 즉, 여섯째 날의 서술은 1장 말미에서 절정에 이르고, 2장 1-3절의 안식일 서술과 맞물리며 한 단원을 이루는 듯한 문맥을 형성합니다. 이제 본문이 전하는 핵심 주제들을 차례로 살펴보고자 합니다.

첫째, 여섯째 날의 창조 전반부는 "땅 위의 생물"에 초점이 맞춰져 있습니다. 여기에는 가축(사람과 친숙하게 길든 동물), 들짐승(야생 동물), 그리고 땅에 기는 모든 생물이 포함됩니다. 성경은 이들을 "그 종류대로" 내셨다고 반복하여 강조합니다. 이 표현은 창조 질서가 우연적 혼돈이 아니라, 구분과 다양성을 함께 품은 조화로운 구조임을 드러냅니다. 종류대로의 창조는 구별과 상호성, 경계와 관계의 조화를 시사합니다. 각 생물은 자기의 자리를 부여받고, 그 자리를 충실히 채울 때 전체 질서가 '좋음'으로 평가됩니다. 여기 등장하는 "그 종류대로"는 인간의 안에 있는 각양의 내적인 '속성'을 은유합니다.

둘째, 인간 창조는 창세기 1장의 절정입니다. "하나님의 형상과 모양"이라는 표현은 오랜 세월 신학적 성찰을 이끌어온 난제(?)이자 축복의 고백입니다. 본문은 형상과 모양의 구체적 도상을 제시하지 않습니다. 오히려 형상은 규정되기보다 드러나는 성격을 지닙니다. 하나님의 형상과 대비되는 것은 신약성서에서 가이사의 형상입니다. 창조 서사에서 하나님의 형상을 추론할 수 있게 해주는 힌트가 거기에 있습니다. 사람을 짓되 가이사의 형상으로 창조하려는 뜻이 아닙니다. 그런 면에도 가이사의 형상이 하나님의 형상과 대비되어 뚜렷하게 먼저 와 있습니다. 하나님의 것과 가이사의 것으로 구분되는 이야기 속에서 창조 서사는 대하드라마임이 분명해집니다.

하나님의 형상의 드러남은 추상적 사유에 머물지 않고, 관계와 책임, 즉 다스림이라는 실천적 명령 속에서 확인됩니다. 하나님의 형상은 삶의 장場에서 빛나며, 주어진 역할을 올바로 수행하는 가운데 증언됩니다. 다시 말해, 형상은 인간이 '존재로서 존재'하게 되는 자리, 타자와 피조 세계(수많은 내적 속성)와 매일의 삶의 자리에서 책임을 감당하는 것으로부터 실감합니다.

셋째, "다스림"의 명령은 자주 오해되어 왔습니다. 자연을 마음대로 착취하거나 지배하라는 허가로 읽히기도 했습니다. 그러나 창세기가 그리는 창조 질서의 문맥에서 다스림은 파괴의 권한이 아닙니다. 자연과의 관계를 배제할 수 없으나 그보다 앞선 것은 '왕국'에 속한 만물입니다. 자연 만물은 '내비둬'가 도리어 정답입니다. 자연을 다스리는 것은 도리어 역리입니다. 인간이 자연을 다스린다는 것은 언어도단입니다. 자연에 순응하고 도리어 자연의 다스림을 받아야 합니다. 그러므로 창조 서사에서의 다스림은 나와 자연과의 관계를 넘어선 그 무엇입니다. 하나님이 보시기에 "좋음"을 보전하고 증대시키는 방식의 통치, 곧 생명을 살리고 질서를 지키는 청지기적 '다스림'은 왕국의 창조 질서에 속한 내적 속성들입니다.

자연 만물은 그러므로 은유입니다. 그 안에 있는 가축과 들짐승도 따라서 은유입니다. 다스림은 약탈적 착취가 아니라, 생명과 조화의 책임 있는 관계입니다. 인간은 피조세계의 임의적 주인이 아니라, 창조주로부터 위임받은 돌봄의 관리자입니다. 우리 안에 있는 만물판타, 소우주를 구성하고 있는 만물의 속성은 하나님의 형상과 모양의 사람이 비로소 다스릴 수 있는 대상이됩니다. 새로 지은 집에 머무는 호크마, 비나, 케세드, 게부라,

티페레트, 네차, 호드, 예소드, 말쿠트 등으로 대표해서 표현해 볼 수 있겠으나 하늘의 별과 바다의 모래와 같이 셀 수 없는 것들이 내적 속성으로 존재합니다. 피돌기를 통해 60조의 세포가 끊임없이 생성과 소멸을 반복하며 생명의 세계를 구성하듯, 의식의 세계는 60조의 세포로 형용할 수 없이 더 복잡하고 다양합니다. 우주를 이루고 있습니다. 혹자는 말하기를 밖에 있는 자연 세계가 도리어 소우주요, 의식의 하늘과 땅, 그리고 그 안에 있는 만물이야 말로 대우주라고 말하는 이들도 있습니다. 밖의 우주를 담을 수 있는 대우주가 나의 마음이기 때문입니다. 우리가 다스려야 할 대상은 밖이 아니라 '안에 있는 만물' 입니다. 창조 서사의 이러한 독법을 내게 제안하는 이가 없었습니다. 지금 이러한 독법을 동의하는 이들도 매우 적습니다. 성서의 다른 곳에서 이러한 독법의 가능성을 수없이 확인합니다. 구약의 많은 선지서가 이러한 독법의 가능성을 뒷받침해 줍니다.

넷째, 현실의 관찰로 돌아가 보면, 인간이 실제로 바다의 고기와 공중의 새와 땅의 모든 생물을 완전히 통제하는 것은 불가능할 뿐만 아니라 어불성설입니다. 일부 동물을 가축화하고, 시설을 통해 제한적으로 관리할 수는 있지만, 전체 자연을 지배한다는 것은 성립할 수 없는 망상입니다. 다시 한번 환기합니다. 그러므로 '다스림'은 바깥 세계에 관한 이야기가 아닙니다. 이 지점에서 본문은 더 깊은 성찰을 요구합니다. 곧 다스림의 현장이 바깥 자연이 아니라, 우리 내면의 세계에 해당한다는 통찰입니다. 인간의 마음속에는 무의식의 깊은 바다, 사유의 하늘, 본능과 감정이라는 다양한 '생물들'이 살아 움직입니다. 때로는 통제할 수 없는 분노, 두려움, 슬픔, 과도한 지식의 교만 등, 우리를 사로잡는 힘들이 꿈틀거립니다. 본문을 내면의 비유로 읽을 때, 다스림은 자기 세계의 질서를 세우고, 파괴적 충동을 길들이며, 유익한 자원을 적절히 불러와 생명을 살리는 방향으로 활용하는 역량을 가리킨다는 독법이 가능합니다. 우리가 주목해서 읽어야 할 대목은 바로 이러한 관점입니다.

다섯째, 본문에서 가축과 들짐승, 기는 것의 이미지는 내면의 역동성에 대한 상징으로 읽을 수 있습니다. 가축은 길들인 사람과 함께 사는 동물입니다. 상징적으로는 인간 내면에서 사회적 관계와 일상 속에 적응된 역량, 즉 훈련되고 조율된 힘을 떠올리게 합니다. 반면 들짐승은 길들여지지 않은 야성, 곧 통제가 어려운 충동이나 거친 에너지를 상징할 수 있습니다. "기는 것"은 낮고 촉각적인 차원에서 파고드는 영향, 예컨대 지식이 습관이 되어 몸을 타고 흐르는 방식, 또는 교묘하게 마음을 점유하는 집착과 공포의 움직임을 상기시킵니다. 아무런 생각 없이 무심결에 반응하는 것들은 '기는 것'이 은유하는 바입니다. 이러한 상징적 독해는 문자적 의미를 대체하려는 것이 아니라, 본문이 지닌 영적·실존적 울림을 현재의 삶에 연결해 주는 통로입니다. 창조 서사의 새로운 읽기 방식입니다.

여섯째, "말문이 트인다"는 표현은 여섯째 날에 관한 내면적 깨달음을 이해하는 열쇠가 됩니다. 다섯째 날까지의 세계가 준비되었다면, 여섯째 날은 그 세계를 살아 움직이게 하는 '언어'의 개방, 관계의 시작, 사회적 상호작용의 탄생이라고 해석할 수 있습니다. 혀는 쉽게 길들여 지지 않습니다. 언어는 때로 타인을 해치고, 자기방어의 도구로 악용되기도 합니다. 그러나 하나님의 형상을 따라 '사람다움'이 성숙할 때, 언어는 약탈의 무기가 아니라 생명을 살리는 통로가 됩니다. 이때의 말은 지배의 도구가 아니라 돌봄과 진실의 마중물이 됩니다. 폭언은 상대를 지배의 대상으로 삼을 때 나타나는 현상입니다. 여섯째 날의 인간은 이 말문을 통해 자신의 내면 세계를 가다듬고, 타인과 선한 관계를 조율하며, 사회 속에서 책임 있는 주체로 서게 됩니다. 민족과 방언이 새롭게 태어나야 하고, 언어가 새로워집니다. 하늘을 타고 흐르는 심금을 담아 현을 켜는 로고스의 언어가 발출됩니다. 그저 듣기 좋은 말을 하라는 얘기가 아닙니다. 그저 듣기 좋은 말, 미려한 수사는 더 큰 폭력을 담고 있는 속임수일 경우가 허다합니다. 존재의 언어, 존재의 소리를 내는 때가 여섯째 날 등장하는 생물들의 비유에서 포착해 내야 할 독해입니다.

일곱째, "짐승을 제물로 드리는" 상징은 우리의 내면에서 포악하게 날뛰던 속성, 곧 사람다움을 짓밟던 충동들을 제압하고 변환하는 영적 감수성의 회복입니다. 이는 반복되는 체계적인 훈련을 통해 도달할 수는 없습니다. 수시로 날뛰는 자신의 포악성을 목도 하면서 좌절과 다독임의 반복이 찾아오게 마련이고, 그것은 연습이나 훈련으로 제어되는 것이 아니라는 자각이 찾아와야 폭력적인 포악성을 버리게 되고 포기하게 됩니다. 여기서 제물은 자기 존재 자체의 파괴가 아니라, 사람을 노예로 만들던 '짐승성'의 굴복과 전환입니다. 폭력적 분노가 온유함으로, 교만한 지식이 겸손한 지혜로, 공포의 집착이 신뢰와 자유로 바뀌는 과정이 바로 '희생'의 변증법입니다. 그 결과, 이전에 우리를 잡아먹던 힘들이 이제는 필요할 때 불러 사용하는 내적 자원이 됩니다. 독수리의 날개처럼 통찰을 들어 올리고, 바다의 깊은 곳에서 건져 올리는 지식과 상상력, 행로를 낮게 스치며 세세한 것을 감지하는 민감함도 더 이상 우리를 포획하지 못합니다. 오히려 우리는 그것들을 선용하여 생명을 돕는 지혜로 바꿔냅니다.

여덟째, "뱀"의 상징은 지식과 교활함 사이의 미묘한 경계를 환기합니다. 전통적으로 뱀은 기는 동물의 대표입니다. 지식은 때로 사람을 해방시키지만, 때로는 사람을 얽매는 도구가 되기도 합니다. 특정 교리나 문구가 절대화되어 사람을 포획하는 순간, 지식은 생명보다 우상화된 틀이 됩니다. 그러나 '사람'이 된 자, 곧 영으로 자유로운 자는 지식의 그물에 걸려들지 않습니다. 그는 사람을 살리는 방향으로 지식을 사용할 줄 알며, 타인을 통제하거나 예속시키는 수단으로 삼지 않습니다. 이 자유는 방종이 아니라, 관계와 책임의 윤리 안에서 꽃피는 자유입니다. 그래서 그는 그물에 걸려도 머무르지 않고 빠져나옵니다. 얽힘은 잠깐일 수 있으나, 감옥이 되지 않습니다. 이것이 성숙한 인간, 곧 하나님의 형상대로 지음을 받은 사람에게서 기대되는 자유의 품격입니다.

아홉째, "생육하고 번성하여 땅에 충만하라"는 명령은 단순한 수적 증가를 뜻하지 않습니다. 이는 삶의 풍성함, 관계의 확장, 선한 영향력의 확산을 포함합니다. 충만은 대립과 배제가 아니라, 상호성 속에서의 안전한 확장을 지향합니다. 정복 또한 파괴적 점령이 아니라, 혼돈을 질서로, 적대를 화해로, 파편화를 통합으로 바꾸는 창조적 행위를 뜻합니다. 기독교인들에게 정복은 룰 오버 Rule over, 곧 지배로 독해되고 있습니다. 정복은 룰 오버가 아니라 룰 인 Rule in 입니다. 지배가 아니라 '안에서 다스림'입니다. 지배는 초월 신의 이름으로 강제하는 것이지만, 안에서의 다스림 곧 룰 인은, 공감과 왕국의 확장입니다. 선동에 의한 충동적 공감이 아니라, 빛과 바람의 서사에 따른 깊은 동의에 의한 자발성입니다. 그러므로 충만과 정복, 다스림은 한 몸처럼 맞물린 소명으로, 생명을 살리고 세계를 아름답게 가꾸는 인간의 자율성을 선명히 비춥니다.

열째, 먹거리의 규정은 창세기의 생태 신학적 시선을 보여줍니다. 사람에게는 씨 맺는 채소와 열매 맺는 나무의 열매가, 동물에게는 푸른 풀이 주어졌다는 진술은 창조 세계의 평화와 조화를 암시합니다. 물론 이후 성경의 서사 속에서 인간의

식생활 규정과 현실은 변화와 분화를 겪습니다. 그런 면에서도 여섯째 날의 이 장면은 창조 질서의 이상적 장면을 제공합니다. 생명은 서로를 파괴하기보다 살리는 방향으로 배치되어 있으며, 각자의 필요가 충족되도록 세심히 배려되어 있습니다. 이 배려가 바로 "심히 좋았더라"의 감탄을 가능하게 합니다.

열한째, "하나님의 형상과 모양"은 규정될 수 없는 신비를 품고 있습니다. 눈으로 확인 가능한 조각상이나 도상이 아니라, 삶의 흔적과 관계의 책임, 사랑의 실천 속에서 드러나는 인격적 광채입니다. 그러므로 형상을 특정 이미지로 고정시키려는 시도는 우상화의 위험을 수반합니다. 형상은 감추어져 있으나, 삶에서 드러납니다. 가이사의 형상은 큰 자를 지향하는 큰 자의 언어가 그들 소통의 도구입니다. 하나님의 형상과 모양의 언어와는 소통되지 않을 뿐더러 통역 불가입니다. 우리가 누군가의 말과 행동에서 따뜻함, 진실, 책임, 용기를 느낄 때, 우리는 그 사람을 통해 형상의 한 조각을 스치듯 목도합니다. 여섯째 날의 인간은 바로 그 드러남의 통로로 부름받았습니다. 각자의 자리에서 형상을 비추는 등불이 되는 것, 그것이 사람다움의 핵심입니다.

열두째, 이러한 의미에서 "사람이 됨"은 단순히 생물학적 존재가 아니라 영적·윤리적 성숙을 뜻합니다. 사람은 더 이상 짐승성에 붙잡혀 있지 않습니다. 분노와 두려움, 집착과 교만의 포획 망에서 자주 벗어날 수 있습니다. 물론 완전한 무결점이 아니라, 얽힘이 생길 수는 있습니다. 그러나 그 얽힘은 더 이상 인생 전체를 감금하는 감옥이 되지 않습니다. 자유한 영, 살아 있는 언어, 선한 책임, 이웃을 살리는 지식, 자연과 자연스럽게 관계하는 순리의 리더십이 사람됨의 표지로 나타납니다. 여섯째 날의 사람은 그래서 움직입니다. 숨 쉬고 말하고 관계 맺으며, 창조 세계의 선을 확장합니다. "아버지께서 일하시니 나도 일한다"는 말처럼, 생명은 고요 속에서도 일하고, 관계 속에서 열매 맺습니다. 이 일은 노예적 중노동이 아니라, 존재가 존재답게 발휘되는 자연스러운 생동입니다.

열셋째, 공동체적 함의도 중요합니다. 사람다움을 회복한 이들은 무리를 만들기 위해 타인을 포획하지 않습니다. 패거리를 조직해 지배하지 않습니다. 각자의 삶을 존중하고, 서로가 하나님의 형상으로서 아름답게 서도록 격려합니다. 기도는 손을 모으는 형식 이전에, "함께 살고자 하는 절박한 열망"으로서의 실존적 호흡입니다. 우리가 누군가의 자유를 존중하면서도 서로를 살리는 지식과 언어로 연결될 때, 그 자체가 기도의 삶입니다. 복음은 그저 "믿어라"라는 구호가 아니라, 사람다움을 회복시키는 좋은 소식입니다. 이 좋은 소식은 앵무새처럼 반복하는 문구가 아니라, 삶으로 번역된 신뢰, 책임, 자유, 사랑의 체현입니다.

열넷째, 요약하면, 여섯째 날은 다음과 같은 메시지를 전합니다.
- 창조 질서는 다양성과 조화를 품은 '종류대로'의 아름다움입니다.
- 인간은 하나님의 형상과 모양을 따라 창조된 존재로, 다스림의 책임을 부여받았습니다. 가이사의 형상을 하나님의 형상으로 전유하는 전도몽상顚倒夢想 의 시대입니다. 소위 번영신학은 창조 서사에 등장하는 하나님의 형상을 가이사의 형상으로 전도顚倒 시키고 있습니다. 그들의 언어가 그들의 형상이고 모양입니다.
- 다스림은 착취가 아니라 돌봄이며, 외부 자연뿐 아니라 내면 세계에 대한 성숙한 관리로 확장됩니다. 다스림은 지배의 언어가 아니라 순리에 순응하는 순리의 언어입니다.
- 내면의 '짐승성'은 제물처럼 변환되어, 사람을 해치는 힘에

서 사람을 돕는 자원으로 전환될 수 있습니다.
- 지식은 타인을 포획하는 그물이 아니라, 생명을 살리는 도구여야 합니다.
- 사람다움은 자유로운 영, 책임 있는 언어, 존중의 리더십, 관계의 성숙으로 드러납니다. '무엇이든지 남에게 대접을 받고자 하는 대로 너희도 남을 대접하라'는 황금률의 윤리 속에서 역동합니다.
- 복음은 이 사람다움의 회복을 현실 속에서 가능하게 하는 좋은 소식입니다.

마지막으로, 본문은 우리 각자에게 조용히 권면합니다. 오늘도 우리 안의 가축과 들짐승과 기는 것들을 성찰하자는 권유입니다. 길들여야 할 것과 놓아주어야 할 것, 제물로 바꾸어야 할 것과 자원으로 삼아야 할 것을 분별하는 지혜. 필요할 때 독수리의 통찰을 부르고, 심연에서 건져 올릴 지식을 사용하되, 결코 그 지식으로 타인의 코를 꿰는 짓은 삼가하기. 언어는 살리는 말이 되게 하고, 자유는 방종이 아니라 책임을 동반한 자유, 사랑으로 안을 채우는 자유, 자유와 사랑이 서로 분리되지 않는 자리와 시절. 그러할 때, 우리는 삶의 자리에서 "심히 좋았더라"는 감탄에 한 걸음 더 가까워질 것입니다. 그리고 그 감탄은 어느 한 사람의 업적이 아니라, 지성소의 야훼 엘로힘, 곧 창조주께서 성소를 통해 드러내는 형상의 빛으로 우리 사이에 머물 것입니다.

저녁이 되고 아침이 되는 일상의 순환 속에서, 우리의 여섯째 날은 오늘도 계속됩니다. 존재가 존재답게 살아 움직이는 기쁨, 말문이 트여 서로를 살리는 언어, 두려움의 그물에서 빠져나오는 자유, 황금률로 구현되는 다스림이 우리의 하루 속에서 작은 형태로라도 실현되기를 희망합니다. 그것이 바로 사람의 길이며, 형상의 길이며, 창조의 선을 오늘에 잇는 우리의 응답입니다. 강박이 아니라, 자연스러움이고 자유로움이고 긍휼과 자비가 의와 분리되지 않음입니다.

형상과 모양 그리고 '씨 알'의 양식
여섯째 날 2

וַיֹּאמֶר אֱלֹהִים נַעֲשֶׂה אָדָם בְּצַלְמֵנוּ כִּדְמוּתֵנוּ וְיִרְדּוּ בִדְגַת הַיָּם וּבְעוֹף הַשָּׁמַיִם וּבַבְּהֵמָה וּבְכָל־הָאָרֶץ וּבְכָל־הָרֶמֶשׂ הָרֹמֵשׂ עַל־הָאָרֶץ׃

하나님이 가라사대 우리의 형상을 따라 우리의 모양대로 우리가 사람을 만들고 그로 바다의 고기와 공중의 새와 육축과 온 땅과 땅에 기는 모든 것을 다스리게 하자 하시고(1:26)

여섯째 날 이야기는 창세기 1장의 정점이자, 하나님의 창조 의도가 인간 안에서 열매 맺는 장면입니다. 그러나 그 의미를 제대로 이해하려면, 앞선 날들에서부터 이어져 온 창조 동사들의 결, 곧 '바라 ברא - 야차르 יצר - 아사 עשה'의 진행을 함께 보아야 합니다. 이 세 동사는 각각 창조의 다른 층위를 암시합니다. 바라가 근원적 '불러냄/낳음'이라면, 야차르는 '형성/조성', 아사는 '마듦/운용/실행'의 결을 가집니다. 본문은 이 단계를 엮어, 창조가 단번의 사건이 아니라 점층적 과정임을 보여 줍니다.

먼저 1장 24절은 이렇게 말합니다. "땅은 그 종류대로 살아 있는 것들을 내라." 여기서 '살아 있는 것'은 '네페쉬 하야 נפשׁ חיה'로, 단지 생물학적 생명체를 넘어, 혼적 활력과 주체성을 가진 '살아 있는 존재'를 가리킵니다. 범주 구분도 섬세합니다. 가축육축 六畜은 인간과 더불어 살아가는 길든 존재, 순치된 속성입니다. 들짐승은 야성의 세계, '기는 것'은 땅과 밀착된 낮은 차원의 생동을 상징합니다. 중요한 것은 이 모두가 네페쉬 하야로 묶인다는 사실입니다. 생명의 장르는 다르지만, 하나님의 생기 아래 살아 있는 존재들입니다. 인간의 내적 속성에 대한 은유 Metaphor 입니다.

이어 25절은 24절의 명령이 현실이 되었음을 알립니다. 여기서 동사는 '아사 עשׂה'입니다. 하나님께서 땅의 짐승과 가축과 기는 것을 '만드셨다'는 선언은, 창조 질서가 가동되었음을, 곧 운용과 실행이 시작되었음을 알려 줍니다. 본문은 단지 '있게 하셨다'가 아니라, 그 존재들이 각기 '종류대로' 자리 잡았다고 말합니다. 이는 다양성 속의 질서를 뜻합니다. 생명은 각자도생의 무질서가 아니라, 서로 조응하는 고유성들의 합창으로 배치됩니다. 불가의 12 연기설을 빌리지 않더라도 내적 속성들은 상호 유기적인 관계로 이루어집니다.

문맥은 26절의 전환점으로 넘어갑니다. "하나님이 이르시되, 우리의 형상 צֶלֶם 과 우리의 모양 דְּמוּת 대로 우리가 사람 אָדָם 을 만들자 עָשָׂה. 그들로 바다의 고기와 하늘의 새와 가축과 온 땅과 땅에 기는 모든 것을 다스리게 하자." 여기에는 네 가지 중요한 축이 깔려 있습니다.

첫째, '우리'라는 복수의 표현입니다. 엘로힘 אֱלֹהִים 은 문법상 복수형이나 보통 단수 동사와 호응합니다. 그런데 26절에서는 '우리'라는 발화가 형상·모양의 부여와 결합합니다. 이는 하나님의 충만한 관계성, 곧 풍성함과 합의의 신비를 암시하는 문학적 장치로 읽을 수 있습니다. 인간은 닫힌 단수의 독백이 아니라, 충만한 교통의 의지 속에서 '만들어지는' 존재입니다. 굳이 삼위일체의 도그마와 신조를 여기서 찾으려고 애쓸 이유가 없습니다.

둘째, 동사의 선택입니다. 사람에 대해 26절에서는 '아사만들자'가 쓰이고, 27절에서는 '바라창조하시니라'가 사용됩니다. 의지석 선언과 사건의 성취가 리듬을 이룹니다. 이를테면, 26절은 동적·운용적 존재로 인간을 세우는 의지의 발화이며, 27절은 그 발화가 근원적 창조 사건으로 완결되었음을 공적으로 선포합니다. 인간은 앞선 날들의 조건과 질서 위에, 여섯째 날에 이르러 '형상과 모양'의 꼴을 갖춘 채 종합적으로 드러납니다. 창조 서사는 마침내 하나님의 형상과 모양의 사람을 향해서 진행됩니다. 에덴 이야기의 모든 결론은 창세기 5장, 하나님의 형상과 모양의 사람인 '셋'으로 수렴되는 것과 패턴이 동일합니다. 빛이 있으라 하시니 빛이 있었고는 에덴 이야기에서, 코에 생기를 불어 넣으니 레네페쉬 하야산 혼이되었다는 것과 조응이 됩니다. 에덴의 아담 이야기에서 칠일 창조의 패턴을 구분해 볼 수 있습니다. 도식화가 가능하다는 이야기입니다.

셋째, 형상과 모양의 의미입니다. 형상 따짜 은 하나님의 표상 구조, 즉 대표성과 권위의 표지입니다. 모양 ㎜ 은 그 형상이 관계와 윤리, 실천 속에서 구현되는 성정의 꼴입니다. 한마디로, 형상은 '누구의 것인가'를, 모양은 '어떻게 살아낼 것인가'를 말합니다. 이 둘이 함께할 때, 인간에게 맡겨진 다스림이 올바른 내용과 방향을 찾을 수 있습니다.

넷째, 다스림 ㎜ 의 성격입니다. 본문은 "다스리게 하자"고 말합니다. 이는 생명을 이용·착취하라는 뜻이 아니라, 생명이 생명답게 살도록 질서를 세우고 돌보는 일을 가리킵니다. 시편 72편에서 그려지는 의로운 통치처럼, 다스림은 약자를 보호하고 정의를 세우며 번영을 가능하게 하는 라트레이아 Service, 예배, 섬김 입니다. 그러므로 '정복'כבש 역시 폭압의 언어로 읽기보다, 무질서를 제어하고 창조 질서를 회복시키는 적극적 수선의 언어로 이해해야 합니다. '화있을진저'의 분노 감정은 외모와 율법의 억압으로 치닫는 역행을 바로잡고자 함이듯, 이 모두는 내적 속성들을 가리킵니다.

27절은 절정입니다. "하나님이 자기 형상 בצלם אלהים 대로 사람을 창조 ברא 하시되, 남자 זכר 와 여자 נקבה 로 창조하시니라." 단수 '그'오토, אתו 에서 복수 '그들'오탐, אתם 로의 전환은, 인간이 개인의 점으로 끝나지 않고 관계적 공동체로 확장되는 존재임을 암시합니다. 또한 남자와 여자의 병렬은 생물학적 구분을 넘어, 인간 의식의 두 결, 직관과 이해의 상보성을 비유하는 문학적 틀로 읽을 수 있습니다. 직관은 호크마 חכמה 로 번개처럼 깨우치고, 이해는 비나 בינה 로 그 깨우침을 품어 숙성시킵니다. 이 만남이 자비 חסד 와 분별·엄격 גבורה, 아름다운 조화 תפארת 의 열매를 맺습니다. 이런 의미에서, 인간은 외석 번식만이 아니라, 진·선·미의 생산이라는 영적 번성을 이루는 존재입니다. 생명의 관점에서 남자와 여자는 적대적 대립이 아니라, 생명을 낳고 번성케 하는 창조 원리의 쌍을 이룹니다. 생물학적으로도 남녀의 원리가 그러하듯, 의식의 세계도 남성성과 여성성의 조화를 통해 사람다움의 사람, 하나님의 형상과 모양의 사람을 낳고 또 낳습니다. 꼴을 갖춰가는데 자칼과 네케바는 기본적인 구조를 이루고 있습니다.

28절은 복의 선언입니다. "하나님이 그들에게 복을 주시며 이르시되, 생육하고 번성하여 땅에 충만하라. 땅을 정복하라. 바다의 고기와 하늘의 새와 땅에 움직이는 모든 생물을 다스리라." 여기서 복 ברך 은 단순한 축원 이상의 것입니다. 복은 사명을 가능하게 하는 능력의 부여입니다. 생육·번성·충만·정복·다스림은 하나의 덩어리로 읽어야 합니다. 본문의 질서는, 인간의 내면과 외부 세계를 동시에 겨냥합니다. 내면의 땅에는 원초적 본능과 습관, 타인의 목소리, 가족과 사회의 규범, 도덕과 관습이 '원주민'과 '이주민'처럼 서로 다른 층위로 정착해 있습니다. 본문은 그 내면의 땅을 하나님의 형상과 모양에 맞추어 재정렬하라고 요청합니다. 그것이 곧 '정복'이며, '다스림'입니다. 그리고 그 결과는 외적 세계에서의 돌봄·보전·질서 세움으로 확장됩니다.

29 - 30절은 먹거리의 질서를 말합니다. 사람에게는 씨 가진 모든 채소와 씨 가진 열매 맺는 모든 나무의 열매가 주어집니다. 반면 땅의 짐승과 공중의 새와 땅에 기는 모든 것에게는 모든 푸른 풀이 주어집니다. 이는 단지 식단 규정이 아니라, 인간과 다른 생명들 사이의 상징적 질서를 드러냅니다. 사람의 양식이 '씨 있는 것'이라는 말은, 인간이 의미와 방향, 미래와 지속을 품은 것을 섭취할 때 비로소 인간다움을 유지한다는 뜻입니다. 씨 זרע 는 가능성과 유산을 품은 작은 우주입니다. 직관호크마이 씨 있는 말씀과 지혜를 먹을 때, 이해비나는 그것을 품어 숙성시키고, 자비와 분별, 아름다움으로 열매를 맺습니다.

노동·독서·성찰·기도·대화는 모두 이러한 '씨 있는 양식'을 섭취하는 행위입니다. 그래서 의미 없는 정보의 과식은 인간의 양식이 되지 못합니다. 씨 없는 것은 '맛'이 없고, 양식이 되지 않습니다. 반대로 씨 있는 것은 직관을 점화시키고, 이해를 작동시켜, 삶의 언어와 행동으로 전환됩니다. 씨알의 소리와 잡담은 그런 점에서 차이가 있습니다. 잡담이 필요 없다는 뜻은 결코 아닙니다. 잡담은 긴장을 풀어주고 이완하게 하는 또 다른 생명 작용이나 씨알이 담겨 있지는 않습니다.

혹자는 30절이 생물학적 현실과 다소 어긋난다고 말합니다. 실제로 일부 파충류나 맹금은 육식을 합니다. 그러나 본문의 의도는 과학 보고서가 아니라, 창조의 본래 평화와 선함에 대한 시적·신학적 비전을 제시하는 것입니다. 창세기의 노래는 죽음과 포식의 현실 너머로, 하나님이 보시기에 '좋았더라'고 평가하신 세계의 근원적 선함을 먼저 들려줍니다. 이 비전은 이사야의 평화 그림과 멀리서 공명합니다. '이리와 어린 양이 함께 거하며'라는 꿈은, 본문이 제시하는 창조 질서의 지향점입니다.

31절은 이렇게 마무리합니다. "하나님이 그 지으신 모든 것을 보시니 보시기에 심히 좋았더라. 저녁이 되고 아침이 되니 이는 여섯째 날이니라." '심히 좋다'는 평가는 인간이 등장했기 때문에 세계가 의미를 가졌다는 자기중심적 선언이 아닙니다. 오히려 인간이 형상과 모양을 따라 돌봄의 통치를 맡을 때, 세계의 선함이 다시 확인된다는 고백입니다. 그리고 이로써 이야기는 일곱째 날, 곧 쉼의 날로 넘어갈 준비를 마칩니다. 쉼은 멈춤이 아니라, 완결된 선함을 기념하고 누리는 거룩한 여백입니다. 인간의 노동과 다스림은 쉼을 향해, 쉼은 다시 더 큰 이해버나의 삶을 향해 흐릅니다.

여기서 시간에 대한 중요한 교정을 덧붙입니다. 창세기 1장의 '날(יוֹם)'을 단순히 연대기적 시간의 연속으로만 읽는다면, 본문의 시적·신학적 층위를 놓칩니다. 본문의 '날'은 크로노스의 기표로 보이나, 동시에 카이로스, 곧 '존재 상태'의 단계입니다. '저녁이 되고 아침이 되니'라는 반복은 상태의 전환과 성숙의 리듬을 보여 줍니다. 따라서 첫째 날은 빛과 어둠의 구분이라는 존재 상태의 시작, 둘째 날은 물과 물의 분리라는 공간 질서의 수립, 셋째 날은 땅과 식물의 등장이라는 생명의 터전 형성, 넷째 날은 하늘의 광체로 상징되는 질서의 표지, 다섯째 날은 바다 생물과 새의 생동, 그리고 여섯째 날은 육상 생명과 인간의 형상·모양의 완성을 가리킵니다. 이 리듬 속에서 인간은 첫째 날부터 준비되고, 여섯째 날에 이르러 마지막 점을 찍습니다.

그러므로 인간 창조를 '환경을 다 만들어 놓고 마지막에 사람만 따로 데려다 놓았다'고 이해하는 단순화는 본문 전체의 시적 호흡과 어긋납니다. 인간은 처음부터 이 과정을 통해 '만들어져 왔으며', 여섯째 날에 비로소 '완성되어 간다'고 읽는 것이 문맥에 더 가깝습니다. 그러니까, 창조 서사의 일곱 날은 모두 인간 창조의 이야기입니다. 사람다운 사람을 빚어

가는 이야기의 은유입니다.

또한 본문은 종말의 연대나 외적 영토의 회복을 계산하는 텍스트가 아닙니다. '2030년'이나 '2040년' 같은 연표로 종말을 특정하는 일은, 성서의 의도와 어긋나는 오독입니다. 본문은 우리 '안'에서 일어나는 재창조의 사건을 말합니다. 외적 영토 분쟁의 서사를 들이대어 본문을 해석하면, 내면 성전의 재건이라는 창조의 근본을 놓치게 됩니다. 창세기는 우리 마음의 땅에서 벌어지는 창조-정복-다스림-안식의 리듬을 말합니다. 원주민과 이주민의 은유는, 본능과 타자의 목소리로 점유된 내면의 땅을 하나님의 형상과 모양으로 재정렬하라는 요청입니다. 재정렬은 직관과 이해의 화해, 곧 자칼(זָכָר)과 네케바(נְקֵבָה)의 조화를 통해 이루어집니다.

'씨 있는 양식'의 원리로 돌아가 보겠습니다. 사람에게 주어진 양식은 씨 가진 채소와 씨 가진 열매 맺는 나무의 열매입니다. 이는 단지 식물성 식단이 아니라, 인간의 정신과 영혼의 먹거리-의미, 방향, 미래성, 지속 가능성-를 상징합니다. 책을 읽고, 성서를 묵상하고, 현자의 말을 듣는 일은 씨 있는 양식을 먹으려는 몸짓입니다. 궁극적으로는 현자의 말을 떠나게 되고 자신 안에 있는 하늘의 태양과 조우합니다. 씨알의 소리는 결국 자신에게서 듣게 됩니다. 직관의 빛호크마은 그런 양식을 통해 정화되고, 이해의 품비나은 그것을 숙성시켜 자비와 분별, 아름다운 조화로 열매 맺습니다. 이렇게 생성된 언어와 행동은 삶의 수레바퀴를 굴립니다. 반대로, 씨 없는 정보와 자극을 과식하는 삶은 직관을 흐리게 하고, 이해를 산만하게 하며, 마음의 땅을 척박하게 만듭니다.

한편, 하늘의 작은 광명달과 큰 광명해의 관계는 남성과 여성의 상보성을 비유하는 오래된 상징으로 읽히기도 합니다. 작은 광명은 큰 광명의 빛을 받아 밤을 비춥니다. 이는 네케바가 자카르의 빛을 받아 반사하는 종속을 뜻하는 것이 아니라, 서로 다른 방식의 빛냄이 조화를 이루는 우주의 리듬을 은유합니다. 창세기는 이처럼 우주 만물에 새겨진 상보성의 언어로, 인간의 의식 구조와 실천의 질서를 환기합니다. 동서 고금의 전통에서 음양陰陽 혹은 수평과 수직, 질료와 형상 등 다양한 언어가 이 상보성을 말해 왔습니다. 창세기의 언어는 이를 형상 과 모양, 남자 와 여자, 복 과 사명 생육·번성·충만·정복·다스림으로 풀어냅니다.

마지막으로, 네페쉬 하야 נפש חיה 에 대한 짧은 성찰을 덧붙입니다. 살아 있는 모든 존재는 본능적으로 창조주를 향합니다. 별들이 기름 부음의 방향으로 빛나듯, 생명은 하나님을 향해 자신을 엽니다. 인간의 다스림은 이 향함을 방해하거나 가로채지 않습니다. 오히려 그 향함이 왜곡되지 않도록 보호하고, 자신도 그 향함 속에 동참합니다. 그러한 다스림은 권능보다 성품을 먼저 묻습니다. 형상이 권위를 준다면, 모양은 그 권위를 사용하는 방식을 가르칩니다.

그러므로 여섯째 날의 결론은, 인간이 세계의 왕좌에 앉았다는 선언이 아니라, 왕좌를 어떻게 비워 돌봄의 자리로 바꿀 것인가에 대한 서술입니다. 이 초청은 일곱째 날의 쉼과 맞물립니다. 쉼은 멈춤이 아니라, 완결된 선함을 기념하며 누리는 예배적 호흡입니다. 그 쉼 속에서 인간은 다시 씨 있는 양식을 받아, 직관과 이해를 화해시키고, 자비와 분별, 아름다움과 신실함으로 다음 날을 살아냅니다. 이렇게 창조-정복-다스림-안식의 리듬은, 우리의 하루하루가 저 초월 신이 아니라, 시천주侍天主, 네가 성전이고 하나님은 여기 있거나 저기 있는 것이 아니라 네 안에 있다고 하는 바로 그 지성소의 '하나님의 날'이 되도록 이끕니다.

여섯째 날은 다음으로 요약해 볼 수 있습니다.

- 창조는 낳음―형성―운용의 점층 과정이며, 인간은 그 정점에서 형상과 모양의 꼴을 갖추는 것으로 드러난다. 인생의 지향하는 바를 창조 서사가 멋지게 서술하고 있다.
- 다스림과 정복은 착취가 아니라, 질서의 회복과 돌봄의 예배다 service.
- 사람의 양식은 '씨 있는 것'이며, 직관과 이해의 조화 속에 자비·분별·아름다움으로 열매 맺는다.
- '날'은 연대기만이 아니라 존재 상태의 단계이며, 카이로스의 리듬으로 읽어야 한다.
- 내면의 땅을 형상과 모양의 서사로 재정렬하는 것이 참된 정복이며, 그 삶 자체가 증언이다.
- 모든 살아 있는 존재는 하나님을 향하고, 인간의 다스림은 그 향함을 돕는 섬김이다.
- 이 모든 것은 일곱째 날의 쉼 안에서 호흡을 얻는다.

남자와 여자 그리고 안식
일곱째 날

וַיִּבְרָא אֱלֹהִים ׀ אֶת־הָאָדָם בְּצַלְמוֹ בְּצֶלֶם אֱלֹהִים בָּרָא אֹתוֹ זָכָר וּנְקֵבָה בָּרָא אֹתָם:

하나님이 자기 형상 곧 하나님의 형상대로 사람을 창조하시되
남자와 여자를 창조하시고(27)

이제 창세기 1장의 이야기가 막바지에 다다랐습니다. 우리는 여섯째 날까지의 창조를 살펴보았고, 오늘은 일곱째 날의 안식에 이르기까지의 흐름을 함께 정리해 보겠습니다. 먼저 1장 27절부터 31절을 떠올려 보겠습니다. 거기서 하나님은 자신의 형상대로 인간을 창조하시되, 남자와 여자, 곧 두 성性의 질서를 함께 세우셨습니다. 본문은 단수와 복수의 전환을 통해 이 점을 강하게 드러냅니다. 하나님이 "그를 창조하시고"그는 단수" 이어 "그들에게 복을 주시며복수"라고 말씀하십니다. 이는 인간 존재가 단일한 주체이면서도, 그 내면에 남성과 여성의 두 속성, 곧 자칼남성성과 네케바여성성—이 함께 깃들어 있음

을 암시하는 문맥으로 읽을 수 있습니다.

이 대목에서 흔히 드는 오해가 있습니다. "바다의 고기와 공중의 새와 땅에 움직이는 모든 생물을 다스리라"는 명령을 물리적 자연에 대한 직접 통치 명령으로만 이해하면, 인간이 바다 한가운데의 거대한 생물까지 실제로 통치할 수 있느냐는 질문과 곧바로 충돌합니다. 그러나 본문은 외연적 통치의 그림을 빌려, 내면 세계의 질서 회복이라는 심층적 메시지를 전합니다. 성경 곳곳에서 '땅'은 마음의 비유로 작동합니다. 가나안, 광야, 바빌론, 고토의 회복 등은 모두 바깥 공간의 서술인 동시에 마음의 상태를 가리키는 상징적 언어로 읽을 수 있습니다. 이 관점에서 "땅에 충만하고, 땅을 정복하며, 생물을 다스리라"는 말씀은 내 마음의 땅, 황폐하고 굳어 있는 그 내면을 생명으로 가득 채우고 질서 있게 다스리라는 뜻을 담고 있습니다. 그래야 경전이고, 그래야 성서입니다.

그렇다면 그 내면의 땅은 어떻게 충만해지고, 어떻게 정복되고, 어떻게 다스려질까요? 창세기 1장의 질서 속에는 그 원리가 서술됩니다. 남성성인 자칼은 번쩍이는 통찰, 즉 씨앗이 떨어지는 지점에서 "아, 그렇구나!" 하고 알아차리는 지혜호크마를 상징합니다. 여성성인 네케바는 그 씨앗을 받아 품고 자라나게 하는 이해와 수용, 곧 비나를 상징합니다. 씨가 떨어지면 그것을 품어 싹을 틔우고, 줄기와 잎을 내며, 때가 차면 열매를 맺게 합니다. 지혜호크마와 이해비나, 통찰과 수용, 던져짐과 품어냄, 이 두 속성의 결합이야말로 내면의 땅을 정복하고 다스리게 하는 창조의 원리입니다. 하나님의 집이 지어져 가는 원리이고, 마음이 성글어가는 이야기입니다. 빛과 바람의 서사는 그렇게 막바지에 다다르고 있습니다.

창세기 1장 29-30절에는 "씨 가진 채소와 열매 맺는 나무"가 반복됩니다. 이것이 무엇의 양식이겠습니까? 단지 인간의 물질적 양식이 아니라, 내면의 자칼이 먹고 힘을 얻는 '지혜의 양식'입니다. 번쩍이는 통찰이 비추어질 때, 네케바-마음의 자궁-는 그 빛을 수용하고 갈무리합니다. 씨앗을 품어 생명으로 길러내는 이 과정이야말로 내면의 창조가 진행되는 방식입니다. 성경은 이를 "그대로 되니라"라는 반복 구절로 표현합니다. 억지로 만드는 것이 아니라, 씨앗이 뿌려지면 '되어져 가는' 길입니다. 식물이 제때 비와 햇빛을 받으면 스스로 잎을 내고 열매를 맺듯, 지혜의 씨앗은 이해의 품 안에서 자라납니다.

여기서 우리는 중요한 분기점을 만납니다. 인간은 종종 초월적 신을 하늘 높이 올려놓고, 그 앞에 제물을 바치며, 그 힘으로 내면의 공허를 메우려 합니다. 그러나 그런 종교성은 때로 우리를 더 단단한 강퍅으로 이끕니다. "내 하나님이 참이고, 네 하나님은 틀리다"는 배타적 신앙 언어는 곧 마음의 땅을 더욱 메마르게 하는 여우, 권력과 명예, 세상 임금의 상징인 헤롯에게 굴을 제공한 꼴이 됩니다. 예수께서 "여우도 굴이 있으되 인자는 머리 둘 곳이 없다" 탄식하신 까닭을 떠올려 보십시오. 내 마음이라는 땅에서 주인이 쫓겨나고 여우가 주인행세를 하는 한, 그 땅은 결코 충만해지지 않습니다. "정복하라"는 말은 곧 이 여우를 몰아내고 성전을 회복하라는 요청입니다.

이제 일곱째 날, 곧 안식으로 넘어가 봅니다. 본문은 "하나님이 하던 일을 마치고 그 날에 안식하셨다"고 말합니다. 더불어 "일곱째 날에 복을 주고, 거룩하게 하셨다"고 합니다. 여기서 '날'은 단순한 물리적 시간이 아니라 상태, 곧 카이로스의 질적 시기를 가리킵니다. 첫째 날부터 여섯째 날까지는 혼돈과 공허, 흑암의 심연에서 시작한 창조가 점차 질서를 갖추어 가는 여정이었습니다. 그 여정의 절정에서 성전이 회복되고, 더할 공사가 멈추는 지점이 바로 일곱째 날의 안식입니다. '거룩'이란 성소와 지성소를 가르는 휘장이 찢어지고, 내 안에서 둘이 하나가 되는 통합의 상태를 뜻합니다. 분열과 전쟁이 멎고, 내 마음 안에 평화가 자리를 잡는 것, 그때 비로소 '쉼'이 성취됩니다. 안식이 중도요, 중용이고 무위의 자리입니다.

이 안식은 단순히 아무것도 하지 않는 정지 상태를 말하지 않습니다. 예수께서 안식일에도 생명을 살리는 일을 하신 것은, 안식이 창조의 역동을 멈추는 날이 아니라 가장 거룩한 생명의 운동이 한가운데서 드러나는 날임을 보여줍니다. 안식은 '망치질'이 멈춘 상태이지만, 생명은 가장 온전히 숨 쉽니다. 그러니 안식을 범한다는 것은, 내 안의 성전이 아직 완성되지 않아 전쟁이 계속되는 상태, 곧 거룩한 평정에 이르지 못했다는 뜻입니다. "안식일을 기억하라"는 명령은 바로 그 상태, 내면 성전의 충만한 완성을 지향하라는 부름입니다. 과녁이 빗나갈 뿐이지, 실은 모든 인생은 그곳을 향해 있습니다.

이 지점에서 "인자는 안식의 주인"이라는 말씀을 마음 성전의 관점으로 다시 생각해 볼 필요가 있습니다. 성전의 주인은 바깥 어딘가의 절대 타자가 아니라, 거룩의 상태에 들어선 나 자신의 내면 중심, 곧 통합된 자아입니다. 아브라함이 백 세에 이르러 비로소 삶의 주체로 서듯, 우리 역시 내 안의 성소와 지성소가 하나가 되는 통합의 경지에서 내 삶의 주인으로 깨어납니다. 이때는 바깥에서 어떤 바람이 불어도, 내면은 함께 휩쓸리지 않습니다. 타인의 오해와 비방이 들려도, 그것을 그 사람의 문제로 식별하고, 내 속에서 불필요한 전쟁을 더 이상 일으키지 않습니다. 왜냐하면 안식의 주권, 내면의 홀리 스피릿이 이미 내 안에 좌정했기 때문입니다.

이 통합은 자칼과 네케바의 합궁, 곧 지혜와 이해, 통찰과 수용의 조화에서 비롯됩니다. 통찰은 씨를 던지고, 이해는 그것을 품습니다. 씨는 억지로 자라지 않습니다. "그대로 되니라." 되어져 갑니다. 그러니 창조의 길은 자주 "방법 없음"이라는 역설로 설명됩니다. 이것은 손을 놓으라는 뜻이 아닙니다. 억지의 의지, 종교적 오두방정, 과도한 자기통제라는 '몸짓'을 멈추라는 뜻입니다. "가만히 있으라"는 말조차 또 하나의 몸짓이 되어 강퍅을 낳을 수 있습니다. 참된 무위는 강제적 정지의 포즈가 아니라, 생명이 스스로의 리듬을 회복하도록 '내버려 두는' 신뢰입니다. 심장이 스스로 뛰듯, 장부오장육부가 제 기능을 하듯, 내면의 생명도 자칼과 네케바의 역동 속에서 스스로의 질서를 회복합니다. 우리의 할 일은 그 운동을 감지하고, 저항하지 않고, 잘 따라가며, 필요한 때에 협력하는 것입니다.

이렇게 내버려 둠은 방임이 아닙니다. 분별은 여전히 작동합니다. 몸이 불필요한 찌꺼기를 배설하듯, 마음은 해로운 것을 걸러내고 영양분을 취합니다. 이 작동이 자연스럽게 굴러가도록 내면의 전쟁을 멈추게 하는 것이 바로 안식입니다. 여우의 굴이었던 마음을 비우고, 인자-내면의 주권-가 머물 자리를 내어 줄 때, 숲과 호수 같은 마음의 풍경이 펼쳐지고, 새들이 깃들일 공간이 열립니다. 그때 우리는 더 이상 남의 말에 일희일비하지 않습니다. 내 안에서는 이미 생명의 세계가 한창 펼쳐지고 있기 때문입니다.

여섯째 날의 "정복하고 다스리라"는 요청은, 일곱째 날의 "거룩과 안식"으로 완성됩니다. 창세기 1장의 창조는 무無에서 유有를 만드는 마술적 사건의 연속이 아니라, 망가진 성전을 다시 성전 되게 하는 회복의 여정입니다. 예수께서 예루살렘 성전을 향해 하신 행동은, 성전을 장사터로 만든 질서를 뒤엎고 본래의 거룩을 회복하는 상징적 행위였습니다. 창세기의 창조 또한 그러합니다. 이전 질서, 혼돈과 공허, 흑암, 그리고 종교적 강퍅을 철저히 해체하고, 새 질서 곧 빛과 생명, 평화를 세우는 것입니다. 일곱째 날의 안식은 그 회복이 완결되어, 더 이상 수리할 것이 없는 상태, 곧 완성의 평안입니다.

이 안식은 동시에 그것을 향해 있는 지향이자 현재적 가능성입니다. 우리는 각자의 '날'을 지나고 있습니다. 누군가는 첫째 날의 혼돈에, 누군가는 셋째 날의 싹틈에, 또 다른 누군가는 여섯째 날의 충만함에 서 있을 수 있습니다. 그러나 이 차이는 우열이나 심판의 근거가 아닙니다. 할머니가 손주를 살피며 지켜보듯, 각 날의 아름다움을 노래하며, 사춘기의 터널조차 지나가리라 믿고 기다리는 마음, 그것이 창세기가 가르치는 시간의 지혜입니다. 조급한 개입과 코칭은 터널을 연장합니다. 때로는 한 걸음 물러서 기다리는 것이 최선입니다. 왜냐하면 생명은 "그대로 되니라"의 리듬으로 자라기 때문입니다.

마지막으로 "주님이 다 하신다"는 말의 오해를 풀었으면 좋겠습니다. 그 말이 초월적 대상을 향한 의존과 면책의 언어로 변질될 때, 우리는 스스로를 식물인간처럼 만들어 버립니다. 그러나 성경의 길은 무책임한 방임도, 강박적 통제도 아닙니다. 자칼과 네케바의 협력, 곧 지혜와 이해의 상호작용 속에서 주체적으로 응답하는 길입니다. 밥을 지어 먹는 일은 내가 합니다. 그러나 곡식이 자라게 하신 리듬은 내 것이 아닙니다. 우리가 할 일과 내버려 둘 일을 분별하는 것이 지혜입니다. 안식은 바로 그 분별이 숙성된 상태에서 오는 평화입니다.

결론으로, 창세기 1장은 내 마음의 땅을 향한 창조의 여정입니다. 씨가 떨어지고, 이해가 품고, 시간이 흐르며, 숲이 자라고, 새가 깃듭니다. 여우는 쫓겨나고, 인자가 주인이 됩니다. 성소와 지성소가 하나가 되고, 휘장이 걷히며, 전쟁이 멎습니다. 그때 하나님은 "쉬십니다." 이것이 일곱째 날의 복과 거룩이며, 우리가 기억해야 할 안식의 비밀입니다. 오늘 우리의 과제는, 내 안에서 이미 진행 중인 창조의 일을 방해하지 말고, '그대로 되어져 가는' 생명의 리듬을 신뢰하는 것입니다. 그리고 그 리듬을 따르며, 내 삶의 성전을 완성해 가는 것입니다.

야훼 יהוה 와 하야 היה, 그리고 아바 אבא

구약성서에서 야훼 יהוה 는 매우 빈번히 등장하며, 고전적인 분류 체계인 스트롱 번호 1961에 따르면, 야훼는 하야 היה 에서 파생되었습니다. 여기서 하야는 히브리어 기본동사로, 영어의 be 동사에 해당합니다. "이다/있다"의 뿌리입니다. 하야 היה 동사의 완료시상과 미완료시상의 합성어에서 야훼 יהוה 의 명칭이 나왔습니다.

하야 היה 는 단순히 "존재한다"를 뜻하지만, 히브리어 시상 체계의 특성상 '완료'와 '미완료'라는 상태를 나타냅니다. 그래서 시제라 하지 않고 시상이라고 부릅니다. 히브리어는 헬라어처럼 시제를 시간으로 명확히 쪼개지 않고, 상태의 완결 여부를 중심으로 표현합니다. 하야가 칼동사 3인칭 남성 단수 기본형일 때는 "그가 있다"에 가깝고, 미완료 시상이면 "그가 있을 것이다", "그가 되어 갈 것이다"라는 미래의 성격을 띱니다. 이 관점에서 야훼 יהוה 라는 이름은 하야의 완료 시상그가 '있었다/있다'과 미완료 시상그가 '있게 될 것이다/되어 갈 것이다'의 결합에서 유래했다는 것이 정설입니다. 곧, "그가 있었다"와 "그가 있을 것이다"가 함께 울리는 이름, 현존과 도래의 긴장을 동시에 담은 이름이라고 하겠습니다.

여기서 한 걸음 더 들어가면, 하야 יהוה 의 고어로 제시되는 하바 יהוה 가 있습니다. 하바는 아람어권의 흔적을 반영하는 형태로, 구약 본문에서는 극히 제한적으로 쓰입니다. 학계에서는 모세 시대를 거치며 하바가 하야로 대체되었다고 봅니다. 언어의 변천 속에서 어형은 달라졌지만 핵심 의미, 곧 "존재한다/일어난다"는 결이 이어지고 있습니다. 하바 יהוה 는 하야 יהוה 의 옛말입니다. 모세 이전에 사용한 아람어입니다. 흥미로운 점은, 하야/하바의 더 깊은 어원을 추적하면 아바 אבה 에 닿는다는 점입니다. 아바는 "원하다, 바라다, 갈망하다 want", 곧 '욕구' 혹은 '지향'의 의미입니다. 뜻밖일 수 있으나, 존재 동사있다יִדה의 저 깊은 근거가 '원함'과 '지향'이라는 힘에서 솟아난다는 통찰은, 언어가 시대와 의식, 문화의 심층을 반영한다는 사실을 선명히 보여 줍니다. 뿐만 아니라, 하바는 에덴의 이야기에 등장하는 아담의 아내, '하와'입니다. 그렇다면, 에덴의 이야기에서 하와에 대한 심리학적, 정신분석적 뿌리를 탐색할 수 있습니다. 인간의 본성에 있는 생명을 추동하는 여성성이 하와요, 그 근원에는 '아바'의 속성이 있다는 것.

여기서 말하는 '욕구'는 흔한 욕망 desire 이나 탐욕과 다릅니다. 봄의 대지에서 싹이 떠오르듯, 생명이 자기다움을 향해 밀고 나오는 근원적 추동, 존재가 자기를 드러내려는 본성에 가깝습니다. 씨앗이 껍질을 밀고 올라오는 에너지, 빛을 향해 식물이 방향을 틀어 서는 그 무언의 지향, 바로 아바 אבא 입니다. 이 아바가 하야/하바를 통해 "있음" 곧 존재로 나타나고, 그 완료와 미완료의 결합이 야훼라는 이름의 깊이를 형성합니다. 다시 말해, 모든 "있음"은 이미-있음^{완료}과 아직-될-있음^{미완료}의 겹침으로 드러납니다. 우리의 몸과 정신, 역사와 공동체도 이 구조 속에서 움직입니다. 생명 현상은 어느 한순간의 박제가 아닙니다.

완료이미 그러했던와 미완료앞으로 그러게 될의 사이에 우리가 서 있는 지금이 있습니다. 히브리어 사유에서 '현재'는 독립적인 시제로 명명되기보다, 상태의 흐름 속에서 경험되는 자리입니다. 반면 헬라어는 과거·현재·미래를 명확히 구분하고, 시상미완료, 분사 등도 세밀하게 표현합니다. 예수 당시 세계는 아람어/히브리어와 헬라어가 맞부딪히는 교차로에 있었고, 사람들은 모두 이 '지금'을 살아냅니다. 지금은 과거를 품고 미래를 향해 나아가는 살아 있는 교차점입니다. 따지고 보면 어제와 내일은 관념이고 오직 지금만 있다고 해도 과언이 아닙니다. 그래서 어떻든 "나는 있다/나다"라는 현재 표현은, 어제의 나를 안고 내일의 나를 향해 움직이는 그 운동성 자체를 뜻합니다.

출애굽기 3장 14절은 이 지점을 드러냅니다. 하나님이 모세에게 당신의 이름을 밝히실 때, 1인칭 미완료 형을 사용합니다. 에히예에흐예, אהיה. 관습적으로 "나는 스스로 있는 자니라" 혹은 "I AM WHO I AM"으로 번역되지만, 문자에 가깝게 옮기면 "나는 있을 것이다", "나는 존재하게 될 것이다"의 울림이 더 가깝습니다. 곧 "나는 존재할 나로 존재할 것이다", "나는 되어 갈 나로서 있을 것이다." 이 미래·개방적 호응은,

하나님의 존재가 정태적 정의를 넘어 살아 있는 현현과 도래의 길이라는 점을 웅변합니다. 칠십인 역은 이를 헬라어 현재로 옮겨 "에고 에이미 호 온ἐγώ εἰμι ὁ ὤν, I am that being"이라 하여 "나는 존재하는 자"라는 현재의 힘을 강조합니다. 헬라어 번역은 '지금'을 전면에 놓지만, 그 '지금'은 과거와 미래를 포괄하는 충만한 현재입니다.

모세의 상황으로 돌아가 보겠습니다. 가시떨기나무 불꽃 앞에서 모세는 타오르는 마음으로 묻습니다. "그들이 내게 하나님의 이름을 물으면, 무엇이라 말해야 합니까?" 그의 질문은 민족적 소명감의 확인이자, 존재의 근원을 향한 절박한 탐문이었습니다. 그때 응답이 번개처럼 들려옵니다. "에히예 아쉐르 에히예 אהיה אשר אהיה." 그리고 "에히예가 나를 너희에게 보냈다 하라." 여기서 이름의 계시는 단순 호칭이 아닙니다. 타자 지배 아래 있는 것이 아니라 '스스로 있음' 혹은 '되어 감'의 근원, 곧 존재를 일으키고 이끌어 가는 그 힘의 자기 증언입니다. 모세는 그때 비로소, 자신의 가슴을 달구던 불길의 출처를 알아차립니다. 종 됨에서 사람됨으로, 타자의 의지에 매인 삶에서 '너로 살아라'는 부름이 그 근원이었음을 깨닫습니다. 그것이 바로의 압제 아래 신음하고 있는 동족들에게 전해야 할 강력한 메시지라는 걸 알아차립니다. 그것이 꺼지지 않고 타오르던 가슴의 불꽃 정체였습니다. 저녁노을 떨기나무에 투영된 모세의 가슴 불꽃이고 모세의 서사에서 대전환의 강력한 지점입니다.

사실 족장 시대에도 '야훼'라는 이름은 사용되었습니다. 그러나 성서의 증언에 따르면, 그 이름의 본래 의미는 그 시대 사람들에게 "전능하신 하나님"엘샤다이으로 주로 드러났다는 것입니다. 곧 이름을 불렀지만, 이름의 뜻은 아직 열리지 않았던 셈입니다. 마치 우리가 평생 자기 이름을 들으며 살다가, 어느 날 성숙의 문턱에서야 그 이름이 품은 뜻을 이해하는 것처럼. 모세의 질문과 씨름을 통해 '야훼'의 깊은 뜻, 하야에서 솟아난, 존재의 완료와 미완료가 한데 울리는 이름이 선명해졌습니다. 오늘날에도 예수의 이름은 어디서나 불려지고 있습니다. 여전히 예수는 전능자의 아들엘샤다이 엘로힘의 이름으로 마구 불려지고 있지만, 그 이름이 지시하는 바는 아무도 깊이 생각지 않고 제 부르고 싶은 의미대로 불리고 있습니다. 족장 시대 야웨 엘로힘도 이름의 의미가 제대로 알려진 것이 아니라, 엘샤다이의 의미로 야웨 엘로힘이 불렸다는 사실입니다. 이것이 모세에게 와서야 제대로 포착된 것이지요.출 6장 참조

이 흐름은 시편에서도 아바 יהוה 의 어조로 반짝입니다. "여호와께서 시온을 택하시고 자기 거처를 삼고자 하여 יהוה 이르시기를, 이는 내가 원한 바요 יהוה 의 피엘형·강조, 이것이 나의 영원히 쉴 곳이라"시 132편 요지. 여기에는 야훼의 '지향'이 분명히 드러납니다. 시온—마음의 가장 깊은 곳, 성소의 심장—을 거처로 삼고자 하는 신적 원의, 곧 생명적 지향성이 선언됩니다. 봄에 동토를 비집고 올라오는 봄싹이 빛을 향해 몸을 기울이듯, 생명은 본성적으로 안식을 향합니다. 이 지향은 외부의 주입이나 강요가 아니라, 내면 깊은 곳에서 솟는 스프링과 같은 것입니다. 억누를수록 더 강하게 튀어 오르는 용수철처럼, 내면의 아바 יהוה 는 빛과 안식을 향해 우리를 끌어당깁니다. 그래서 우리는 '오라'는 명령 때문이 아니라, '되어 가는 생명'의 당김 때문에 지금 여기에 이렇게 있고 또 글쓰기도 합니다.

이 지점에서 신약에서 야훼를 모두 '주님'Lord, 헬라어: 퀴리오스, κύριος 으로 번역한 것이 한편으로는 이해됩니다. 야훼는 생명을 이끄는 원리이자 인도자입니다. "주의 지팡이와 막대기가 나를 안위하신다."는 고백은, 존재가 야훼의 방식으로 현재화되는 길, 곧 하야가 되는 길을 가리킨다. 그러므로 '주님을 따른다'는 표현은 노예적 복종의 이미지와 다릅니다. 그것은 생명이 자기다움으로 현현되도록 이끄는 질서에 자신을 맡기고, 그 흐름을 신뢰한다는 뜻입니다. '이미 있음'과 '아직 될-있음'의 긴장 속에서 '지금'이 열리고, 그 '지금'이 우리를 사람답게 세웁니다. 존재의 시간적 구조입니다. 그러므로 '야웨를 위해서 산다'는 것은 어법이 맞지 않습니다. 야웨로 사는 것입니다. 존재의 구조가 야웨입니다.

신약의 증언은 이 구약의 심장을 다른 언어로 주석합니다. 요한계시록은 "나는 있고, 있었고, 오고 있는"이 라고 말합니다. 다헬라어 현재분사와 미완료, 오고 있음의 결합. 이는 야웨의 이름에 새겨진 완료-미완료의 구조를 신약적 시간 언어로 풀어낸 셈입니다. 또한 '예수'라는 이름은 여호수아의 아람어식 표기법입니다. 예수아는 "야훼는 구원이다"라는 뜻을 담고 있습니다. 곧 예수라는 이름 자체가, 손가락처럼 야훼를 가리키고 있습니다. 그래서 "예수를 믿는다"는 말은, 예수가 증언하는 분, 곧 "야훼는 구원이다"를 신뢰한다는 뜻과 분리될 수 없습니다. 이름을 우상화하여 지시 대상을 잃어버리면, 손가락만 보고 달을 보지 못하는 셈이 됩니다.

정리해 보겠습니다. 아바 יהוה 는 원함, 지향, 갈망입니다. 그 생명적 욕구가 하바/하야 יהוה/יהוה 로 솟구쳐 "있음/됨"으로 드러납니다. 그리고 야훼 יהוה 는 그 '있음'의 완료와 '되어감'의 미완료가 함께 울리는 이름입니다. 존재의 심장은 단순 현재가 아니라, 어제와 내일을 포괄하는 충만한 지금이며, 그 지금에서 우리는 '너로 살아라'는 부름을 듣습니다. 모세가 들었던 그 부름, '종 됨에서 사람됨으로, 타자의 질서에서 생명 자체의 질서로'는 오늘도 여전히 유효합니다. 야훼는 시온을 당신의 거처로 삼고자 하십니다. 곧 우리의 가장 깊은 곳, 마음의 지성소가 그분의 안식처가 되기를 원하십니다. 그 열망이 바로 아바 יהוה 이고, 그 실현이 하야 יהוה 이며, 그 이름이 야훼 יהוה 입니다.

이제, 왜 우리는 빛을 향해 선 식물처럼 어느새 이 자리에 와 있는가를 이해할 수 있습니다. 누가 가르쳐서가 아니라, 내면 깊은 곳에서 아바 יהוה 가 우리를 끌었기 때문입니다. 외적 권위의 명령은 오히려 반발을 낳지만, 생명 내부의 스프링은 눌릴수록 더 도약합니다. 그러므로 신앙의 길은 강요가 아니라 존재의 현현입니다. 주님의 방식, 야훼의 방식으로 삶이 현재화되는 것, 그것이 곧 구원입니다. 예수라는 이름은 그 사실을 온몸으로 외칩니다. "야훼는 구원이다." 손가락을 따라가면 달이 보이듯, 이름을 따라가면 이름 너머의 분, 곧 존재하게 하고 되어가게 하는 야훼에게 닿습니다.

끝으로, 언어에 관해 덧붙이면 이 모든 논의는 단지 어원놀이가 아닙니다. 언어는 시대의 사유 구조를 드러내는 지도입니다. 하야의 완료/미완료, 에히예의 미래적 울림, 큐리오스의 인도 개념은, 신적 생명이 우리 존재 속에서 어떻게 "이미"와 "아직"을 연결하며 지금을 여는지 보여 줍니다. 이 지도를 따라갈 때, 우리는 같은 이름을 부르더라도 그 이름의 뜻을 더 분명히 알아차립니다. 야훼! '그는 있고, 있으며, 오고 있다.' 그것은 만물의 생명 규칙입니다. 그리고 그는 우리의 마음을 당신의 거처로 삼고자 하십니다. 아바가 길을 열고, 하야가 모습을 드러낼 때, 우리는 마침내 '너로 살아라'는 부름에 응답하게 됩니다. 이것이 야훼의 이름이 품은 복음이며, 모세의 질문에 내리친 번개 같은 대답의 오늘날 의미입니다.

신 죽음과 좀비 신학

저의 강의와 글을 다수가 어렵다고 합니다. 무슨 말인지 모르겠다고 합니다. 그 이유의 핵심은 주파수, 즉 사이클이 맞지 않기 때문입니다. 저는 일관되게 "하나님은 여기 있거나 저기 있는 분이 아니라, 우리 안에 계신다"는 관점에서 말씀드려왔습니다. 성서에서도 예수께서 분명히 말씀하십니다. 하나님은 서낭당에 있는 것도, 칠성 신앙의 북두칠성에 있는 것도, 우주 밖 초월의 어딘가에 있는 존재도 아니라, 우리 안에 계신 분이라고요. 제 해석과 발신의 주파수는 '내면의 성전, 그 안에 계신 하나님'에 맞춰져 있습니다.

그런데 많은 분이 여전히 주파수를 '초월신, 유일신, 우주를 창조한 외부의 하나님' 쪽에 고정해 놓고 제 이야기를 들으려 하니, 노이즈가 생깁니다. 들리다가 안 들리고, 지직거리는 소음처럼 느껴지니 "어렵다", "왜 성서를 읽으며 철학 이야기를 하느냐"라고 반응하기도 합니다. 하지만 귀를 그 내면의 성전에 맞추고 들으시면, 같은 문장이라도 선명하게 들리고 맥락이 자연스레 이해됩니다. 표현이 조금 어렵더라도 "아, 지금 그 이야기를 하려는 거구나" 하고 맥이 잡히는 것이지요.

이제 이 관점에서 예수와 바울의 말을 다시 보겠습니다. 예수는 요한복음 8장에서 유대 종교 전통이 붙잡아온 '초월신'에 대해 대단히 급진적인 선언을 합니다. 그 신은 살인자요, 거짓의 아비라는 겁니다. 왜 그렇게까지 말했을까요? 그 이유를 이해해야 합니다. 예수는 '저 밖에 있는 절대·초월의 신'에 대한 신념이 인간을 노예화하고, 생명을 억압하고, 사랑과 진실을 가리는 기능을 한다고 보았습니다. 그래서 그 초월신을 단호히 부정하고, 신의 주소지를 '너희 안'으로 바꾸는 혁명적 전환을 선언했습니다. 저는 이것을 신 죽음의 선언이라고 부릅니다. 그리고 이 전환을 바울이 이어받아, "죽은 신을 되살리지 말고, 각자 안의 성전에 계신 하나님을 복권한다"는 복권 운동을 본격화했다고 이해합니다.

여기서 개념 정리가 필요합니다. 예수와 바울도 하나님, 성령 등 당시 통용되던 용어를 그대로 사용했습니다. 하지만 그 단어가 가리키는 의미가 바뀌었습니다. 기표는 동일하지만, 그것의 의미 곧 기의는 달라졌습니다. 유대 전통은 그 용어를 '초월신'이라는 의미로 사용했지만, 예수와 바울은 같은 말을 쓰면서도 그 의미를 '우리 안의 하나님'으로 급격히 전환합니다. 말은 같으나 뜻이 바뀐 것입니다. 문제는 오늘 우리가 그 같은 단어를 들을 때 여전히 옛 의미초월신로 듣는다는 점입니다. 그래서 주파수가 맞지 않고, 노이즈가 생기지요. 요점은 분명합니다. 예수가 단두대에 보낸 그 초월신을 다시 끌어와 주력신으로 만든 순간, 의미 왜곡과 소음이 시작됩니다. 소위 복음주의는 물론이요, 현재 유통되고 있는 기독교와 유사기독교의 신은 모두 예수가 죽인 신을 교묘히 되살려 놓고 그 주변을 서성입니다. 이 문제가 우선 해결되지 않으면, 종교의 여러 가지 문제는 아무리 진지하게 토론해도 공허한 토론에 머물게 되고 해결의 실마리를 찾을 수 없습니다.

이제 역사적 흐름을 짚어보겠습니다. 예수가 죽인 그 초월

신은 중세에 '좀비'처럼 다시 살아납니다. 저는 이것을 '좀비 신학'이라고 부릅니다. 중세는 그 좀비 신이 전지전능, 무소부재의 깃발을 들고 유럽을 지배하던 시대였습니다. 종교와 정치가 결탁했고, 면죄부가 팔렸으며, 거대한 종교 건축에 대중이 동원됐습니다. 그 시대를 암흑이라 부르는 이유가 여기에 있습니다. 그 한가운데서 지성인들은 오히려 초월신의 존재를 증명하기 위해 명목론·실재론 같은 신학·철학 도구를 총동원했습니다. 이미 예수가 죽인 신을, 학문이 다시 살려 바치고 있었던 것입니다.

그러나 16세기에 변화가 싹틉니다. 루터와 칼뱅이 가톨릭 권위에 반기를 들고 종교개혁을 시작합니다. 하지만 분가의 방식은 절연이 아니었습니다. 예정론, 선택론 같은 핵심 교리를 들고 나왔지요. 물론 이를 설명하는 데는 가톨릭의 그것과 차이가 있으나 대동소이합니다. 어거스틴과 토마스 아퀴나스의 전통에 뿌리를 두고 있다는 점에서는 크게 다르지 않습니다. 이 신학적 토대는 당시 유럽 지성의 깊은 바다를 지배합니다. 수학자·물리학자·철학자·신학자가 한 몸이던 천재들의 사유마저 예정론 아래 움직입니다. 라이프니츠를 예로 들면, 그는 모든 개체가 고유 모나드개체적 성격를 지니고, 하나님이 창조 시에 각 모나드의 질서를 예정해 두었기에 우주는 정교한 톱니처럼 돌아간다고 설명합니다. 이 설명은 우아하지만, 자연스레 한 질문으로 이어집니다. 그렇다면 우리의 자유의지는 어디에 있는가? 이미 정해진 규칙에 따라 움직이는 것이라면, 내가 선택한다고 믿는 것이 과연 나의 결정인가? 이렇게 예정론은 숙명론으로 미끄러지고, 유럽 사회를 무기력으로 물들입니다.

동시에 다른 흐름도 전개됩니다. 뉴턴의 자연과학 혁명이 그것입니다. 자연법칙이 해명되면서 인간은 '숙명'이라던 것을 기술과 장치로 거슬러 보기 시작합니다. 물은 위에서 아래로만 흐르는 게 자연이지만, 펌프로 아래의 물을 위로 올리기도 하는 것이지요. 자연과학의 전진은 숙명론에 대한 강력한 반성을 촉발하고, 데이비드 흄을 필두로 경험론이 등장합니다. 경험론은 숙명론에 대한 강력한 회의론이기도 합니다. 신에 대한 회의로 이어지니 무신론으로 흐르게 됩니다. 이렇게 유럽 정신사는 숙명론과 회의론, 두 거대한 물길이 서로를 잡아당기며 흘러갑니다. 이 흐름 한복판에 '교통 정리'에 나선 인물이 칸트입니다.

칸트의 '순수 이성 비판'은 이름 그대로 '생각하는 이성사변이성'이 월권해 온 역사에 메스를 댄 작업입니다. 인간의 인식은 반드시 경험적 자극을 재료로 삼아 형성됩니다. 눈·귀·촉각 등을 통해 들어온 현상계의 질료를, 우리 안의 인식 구조가 가공해 지식으로 세웁니다. 칸트가 이러한 인식의 구조를 밝히게 됩니다. 문제는 하나님, 자유의지, 영혼불멸 같은 형이상학적 개념에는 우리 오감이 접촉할 수 있는 재료가 없다는 점입니다. 그러니 사변 이성이 그것들을 놓고 "있다/없다"를 말장난하듯 단정하는 것은 월권이라는 것이지요. 이로써 칸트는 중세적 예정론과 라이프니츠적 조화의 세계관에 철퇴를 내립니다. 논리의 힘으로 초월신을 단두대로 보낸 사건, 유럽은 뒤집혔습니다.

그런데 여기서 끝이 아닙니다. 칸트는 또 다른 월권, 즉 경험론에 의한 회의론의 과잉을 제어하려 합니다. "다 경험해야만 안다"는 태도는 지식의 성립 그 자체를 무너뜨리기 때문입니다. 칸트는 선험적 종합 판단을 통해 "모든 것을 다 경험하지 않아도, 일부의 경험을 토대로 지식을 확장할 수 있다"는 길을 제시합니다. 덕분에 자연과학은 회의론의 독을 넘고, 합리적 토대를 얻습니다. 동시에, 칸트는 '실천 이성'을 꺼내 듭니다. 생각만이 아니라, 우리는 매일 판단하고 결단하고 실행합니다. 거기에는 양심의 소리, 도덕률이 반짝입니다. 이 영역에서 칸트는 자유의지를 복권하고, 도덕률을 최고선으로 가늠하며, 결과적으로 "신, 자유, 영혼불멸"을 실천 이성의 요청으로 재도입합니다. 앞문에서 신을 죽이고, 뒷문으로 도덕을 타고 신을 '좀비'처럼 되살린 셈입니다. 저는 이것을 칸트의 치명적 아이러니라고 부릅니다. 그러면에도 그의 인식론과 비판 철학은 시대의 공기를 바꾸었습니다. 칸트를 몰라도 칸트의 공기 속에 서 있게 된 것이지요.

이후 역사는 급류를 탑니다. 산업혁명이 질주하고, 문명 기술이 신을 대체하듯 힘을 발휘합니다. 한편, 초월신을 지키려는 진영은 더 공고한 방어선을 칩니다. 영감론 논쟁기계적·축자 유기적 영감 등이 강화되며 성서무오설과 함께 "말씀은 일점일획도 변함없다."는 성벽을 높입니다. 잡은 고기가 빠져나가지 못하도록 담장을 더 높이 세우는 격입니다. 이 목조르기에 분노와 질식이 응축되던 차에, 니체가 등장합니다. 1889년 1월 3일 이탈리아 토리노 광장에서 채찍질 당하는 말을 본 순간, 니체는 광인이 됩니다. 물본 매독균이 원인이라는 설도 있으나, 그 사건은 매우 상징적입니다. 니체는 그 채찍이 자신과 동시대인들의 영혼에 휘둘려져 온 채찍임을 직감합니다. 초월 신의 이름으로 인간을 노예화해 온 서구 기독교의 어두운 그림자를 보았기 때문입니다. 니체는 선언합니다. "신은 죽었다." 그는 칸트의 도덕률도 혹독히 비판합니다. 도덕률은 인간을 위선자로 만들며, 다시 좀비 신을 복권시키는 장치로 보였기 때문입니다. 선악의 저편에 생명의 진실이 있음을 외치며, 그는 신을 최종적으로 파기합니다. 덧붙이면, '신은 죽었다'는 저작권은 니체가 아니라 예수에게 있다고 저는 파악합니다. 요한복음 8장의 선언이 원조이기 때문입니다. 니체는 각주도 달지 않고 "신은 죽었다."고 선언합니다.

칸트의 전환은 종종 '코페르니쿠스적 전회'라 불립니다. 우주 중심이 지구가 아니듯, 인식의 중심도 대상이 아니라 인식 주체의 구조로 옮겨졌다는 뜻입니다. 흥미롭게도 이 전회는 "하나님은 밖이 아니라 너희 안에 있다"는 예수의 전회와 무늬가 같습니다. 그래서 저는 칸트를 '시조'가 아닌 '중시조'로 봅니다. 최초의 전회는 예수가 열었습니다. 창세기의 창조 서사에 등장하는 만물도 실은 밖의 얘기가 아니라, 안의 얘기로 보아야 한다는 것, 코페르니쿠스 전회의 시각에서 보면, 그것은 저 밖의 우주 이야기가 아니라 인식 주체의 이야기입니다. 창조 서사를 인용하는 선지서를 보면 더욱 명확해집니다. 바울의 인용도 동일합니다.

빛이 비취리라 하시던 그 하나님께서 예수 그리스도의 얼굴에 있는 하나님의 영광을 아는 빛을 우리 마음에 비취셨느니라(고후 4:6)

'어두운 데서 빛이 비취리라'는 명백히 창세기 1장 3절을 인용하는 것입니다. '빛이 있으라'는 히브리어 미완료 시상을 바울은 '비취리라'는 헬라어 동사 미래 시제로 번역하고 있습니다. 그러면서 이 빛을 예수 그리스도의 얼굴에 있는 하나님의 영광을 아는 빛으로 해석하며, 동시에 '**우리 마음에 비취셨다**'는 과거시제^{다메섹}로 인용하고 있습니다. 얼핏 우주 창조의 이야기인데, 바울은 그것을 우리 마음의 사건으로 해석하고 있습니다. 놀라운 일이 아닐 수 없습니다. 창조 서사는 밖의 이야기가 아니라, 안에서 이뤄지는 것으로 해석해야 한다는 명백한 증거입니다.

이제 헤겔로 가보지요. 헤겔1770-1831은 니체1844-1900보다 앞선 세대입니다. 헤겔 사후 13년 뒤에 니체가 태어났습니다. 그의

'정신현상학'은 '주인과 노예'의 비유로 정신의 성숙 과정을 드라마처럼 보여줍니다. 노예는 채찍에 굴복해 노동을 바치며 주인에게 종속되지만, 오랜 시간 일하며 세계를 변형시키는 가운데 주인의 빈틈을 발견합니다. 주인은 노예 없이는 아무 것도 못 합니다. 전세가 역전되고, 의식은 깨어나 자기 자신을 주체로 세웁니다. 이 장면을 계급·노동으로 번역해도 의미가 있으나, 헤겔의 핵심은 사회학이 아니라 '정신의 자기의식'입니다. 꽃봉오리-꽃-열매의 변증법처럼, 의식은 정-반-합의 긴장 속에서 자기를 알아갑니다. "정"이라 믿었던 '국룰國 rule' 같은 규범 속에서, 우리는 빈틈을 보고 반反을 일으킵니다. 이 '틈 보기'가 자유의 시작입니다.

20세기에는 프로이트1856-1939와 라캉1901-1981이 등장해 인간 정신을 새 틀로 해부합니다. 프로이트는 생명 충동리비도과 죽음 충동타나토스을 통해 무의식의 역학을 드러냈고, 라캉은 상상계·상징계·실재계의 틀과 '대타자' 개념으로 사회적·언어적 질서가 어떻게 주체를 포획하는지 설명합니다. 여기서 대타자는 종교의 교리일 수도, 시대 이데올로기일 수도, 도덕률·규범일수도 있습니다. 상징계의 꼭대기에 군림하는 가장 큰 대타자가 바로 초월신으로 상징됩니다. 주체는 상징계 안에서 '상호 주체 놀이'를 하며, 가짜 주인 노릇으로 자신의 결핍을 덮으려 합니다. 돈·지식·권력·목소리 크기로 존재 증명을 시도하지만, 그것은 잠시의 쾌락만을 줄 뿐, 실존의 공허를 치유하지 못합니다. 그래서 저는 이것을 '귀신 놀음'이라고도 표현합니다. 군대 귀신처럼 온갖 옛 원한과 도구를 총동원해 상대를 제압하려 들지만, 실은 자기 안에 '나'가 없기 때문에 벌이는 공허한 폭주입니다.

여기서 존재론의 큰 물음이 다시 고개를 듭니다. 있는 것들존재자은 수두룩합니다. 꽃, 나무, 돌, 토끼, 사람… 그런데 '있는 것들을 있게 하는 것존재'은 무엇입니까? 예전에는 초월신으로 답했습니다. 그러나 초월신이 단두대에 오른 뒤에도 이 물음은 사라지지 않습니다. 하이데거1889-1976는 묻습니다. "이 물음을 누가 묻는가?" 개구리도, 사냥개도 아니라, '나'가 묻고 있습니다. 그래서 그는 물음을 뒤집습니다. 존재자를 아무리 연구해도, '존재'는 풀리지 않습니다. 존재의 물음을 묻는 그 존재자—바로 현존재 Dasein 거기에 있음를 해부해야 한다고요. 그의 책 제목 '존재와 시간' 그대로, 존재의 진실에 이르려면 시간 속에 던져진 현존재의 구소를 밝혀야 합니다. 이 포커스 전환은 칸트의 인식론 전환, 그리고 예수의 내면 전환과 같은 무늬를 지닙니다. 방향이 '밖'에서 '안'으로, '사물'에서 '주체'로 돌려지는 것입니다. 이 점에서는 하이데거도 현존재로 눈을 돌리게 됩니다. 창세기의 창조 서사도 우주 창조의 시선에서 현존재의 존재 이해로 옮겨 읽어야 합니다. 그리스 신화나, 로마 신화도 신의 이름을 빌려 인간의 이야기를 하는 것이듯, 창조 서사도 우주 창조의 이야기로 인간을 이야기하는 것입니다. 모든 판타지 소설, 시나 각종 예술 작품은 결국 인간의 이야기입니다. 놀랍게도 이 땅에서는 동학에서 천지개벽의 시선 전환이 이뤄집니다. 시천주侍天主의 동학東學에서 코페르니쿠스의 대전환과 같은 문양의 사상이 최재우 1824-1864에 의해 선포됩니다. 동학은 선교사들이 전한 서학과는 정반대의 사상이나, 예수의 정신, 곧 하나님은 여기 있거나 저기 있는 것이 아니라 네 안에 있다시천주는 말씀과 본질에서 맞닿아 있습니다. 시천주는 결국 사인여천事人如天으로 이어지듯 예수의 사상은 사람을 하늘처럼 여기는 개벽의 길을 열어갑니다.

실존주의도 이 연장선에서 이해할 수 있습니다. 실존은 던져진 상황 속에서 내가 결단하고 책임지는 삶입니다. 무신론적 실존주의는 '신 없음'을 전제하고, 유신론적 실존주의키에르

케고르 등는 결단의 심연 배후에 신을 상정합니다. 갈래는 다르지만, 공통은 분명합니다. '남이 정한 초월의 대타자'가 아니라 '나의 결단과 책임'이 실존의 핵심이라는 점입니다. 라캉식으로 말하면, 상징계대타자의 질서 속에 던져진 우리는 그 질서를 전복·관통하여엑소더스 실재계의 자리, 즉 진정한 주체성에 도달하려고 애씁니다. 이 탈주, 탈존의 여정이 바로 "너희 안에 하나님 나라가 있다"는 말의 다른 표현입니다. 초월신이 점령한 자리를 비워내야, 빼앗긴 들에도 꽃이 핍니다. 주체가 깨어나고, 현존재의 '나다움'이 꽃처럼 드러납니다.

다시 처음으로 돌아가 보겠습니다. 왜 이야기가 어렵게 들렸는가? 주파수의 문제였습니다. '밖의 신'에 맞춘 귀로 '안의 하나님' 이야기를 들으면 지직거립니다. 반대로, 우리 안의 성전 쪽으로 다이얼을 돌리면, 같은 문장이 맑게 들립니다. 철학이 어렵다지만, 사실은 철학도 그 큰 흐름에서 같은 이야기를 되풀이해 왔습니다. 죽이고-살리고-또 죽이고-또 살리는 '신'의 흥망, 그리고 그때마다 새 옷을 입은 '좀비 신학'의 귀환. 예수는 그 사슬을 끊으려 했습니다. 바깥의 초월신을 죽이고, 안의 하나님을 복권하는 것. 칸트는 앞문에서 죽이고 뒷문에서 살렸고, 니체는 뒷문까지 용접하여 폐쇄하려 했습니다. 헤겔은 의식의 성장을, 프로이트와 라캉은 무의식과 상징계의 감옥을, 하이데거는 '존재의 물음'을 통해 현존재의 책임을 부각했습니다. 모두가 다른 어휘를 쓰지만, 전환의 무늬는 같습니다. 밖에서 안으로, 타자에게서 주체로, 규범에서 매 순간의 결단으로.

마무리하겠습니다. 상징계 속에서 우리는 상호 주체 놀이를 합니다. 가짜 주인 노릇으로 나를 증명하려 애쓰며 잠시의 거짓 쾌락에 취합니다. 그러나 거짓 주이상스는 곧 공허를 낳습니다. 길은 다른 곳에 있습니다. 대타자의 빈틈을 보고, 그 권위를 교란하고, 나의 결단으로 한 걸음 나아가는 것입니다. 그 자리가 '내 안의 성전', '내 안의 하나님 나라'입니다. 초월신을 지키느라 떨고 있는 손을 내려놓고, 그곳에서 가면을 쓴 채 서 있는 나를 죽이고 죽음을 통한 전복, 대타자의 죽임을 통해 진정한 주이상스를 향해야 합니다. 그것은 실재계의 나입니다. 내 안의 생명과 진실, 위선으로 포장된 도덕률을 넘어서서 심장박동의 생기를 다시 듣는 일. 그때 주파수는 맞춰지고, 노이즈는 사라집니다. 어렵다고 느껴지던 문장들도 살아 있는 말로 다가올 것입니다. 구원이란 동양의 언어로 성인이 되는 것을 말합니다. 성인聖人이란 한자를 파자해 보면 그 뜻이 분명합니다. 듣기와 말하기를 통해 주체자가 되는 것. 듣기표, 말하기口, 다스리는王 자人가 성인입니다. 대타자에게서 듣는 게 아니라, 자기 자신에게서 듣고 자신의 언어로 말하고 비로소 주체자王가 되는 것을 성인이라 합니다. 성서의 언어로 구원이란 바로 그와 같은 자리에 동참하는 것입니다. 구원이란 죽은 다음 가게 된다는 판타지의 약속이 아닙니다. 가상 세계에 관한 증강현실을 강화하면서 행복해하는 정신의 마약 중독에서 속히 깨어나야 합니다.

여러분, 철학은 곁다리가 아닙니다. 우리의 정신사 전체가 "신의 주소지를 어디에 둘 것인가"를 둘러싼 치열한 투쟁사입니다. 오늘 우리가 선택할 차례입니다. 밖의 대타자에게 종속된 노예로 남을지, 안의 성전에서 주체로 깨어날지. 저는 예수의 길, 칸트의 전환, 니체의 결단, 헤겔의 성숙, 라캉의 전복, 하이데거의 현존재 물음을 한 줄로 꿰 이렇게 제안합니다. "신은 너희 안에 있다." 그 주파수에 맞춰 오늘을 살아 봅시다. 빼앗긴 들을 되찾고 꽃 피는 계절을 맞이합니다.

메타노에오 μετανοέω 와 회개의 본래 의미

오늘은 성서에 등장하는 핵심 용어 하나를 깊이 있게 살펴보고자 합니다. 주제어는 메타노에오 μετανοέω 이며, 특히 마태복음 3장 2절의 구절, "회개하라 천국이 가까이 왔느니라"와 연결하여 그 의미를 정리하겠습니다. 전통적으로 '회개'는 도덕적 후회나 감정적 통회로 이해되는 경우가 많습니다. 그러나 본래 어원과 문맥, 그리고 성서 전체의 신학적 흐름 속에서 이 단어가 지시하는 바는 보다 근원적이고 존재론적인 전환입니다. 이를 조심스럽게 정돈해 보겠습니다.

먼저 본문을 확인해 봅니다. 마태복음 3장 2절에서는 '회개하라'가 명령형으로 제시되는데, 그리스어 원문은 메타노에이테 μετανοεῖτε 입니다. 흔히 사전적 정의로는 '마음을 바꾸다, 후회하다, 뉘우치다, 과거의 잘못을 고치다' 등이 제시됩니다. 이러한 풀이가 완전히 틀린 것은 아니지만, 성서가 말하는 '회개'의 핵심을 충분히 포착한다고 보기는 어렵습니다. 왜냐하면 성서가 말하는 회개는 단순한 감정의 요동이나 도덕적 반성의 차원을 넘어, 사고의 근거와 방향 자체를 근본적으로 전환하는 요청이기 때문입니다.

이 지점을 분명히 하기 위해, 해당 단어의 구성 요소를 살펴보겠습니다. 메타노에오 μετανοέω 는 메타 μετά 와 노에오 νοέω 의 결합입니다. 여기서 노에오 νοέω 는 '생각하다, 인지하다, 알아차리다'는 의미를 갖는 동사입니다. 반면 메타 μετά 는 전치사로 맥락에 따라 '함께 with', '넘어서 beyond', 혹은 '후에 after'를 뜻합니다. 전치사로 쓰일 때는 격지배에 따라 뉘앙스가 달라지지만, 접두사로서 동사에 결합될 때는 '넘어서' 혹은 '전환'의 방향성을 강하게 부여하는 경우가 많습니다. 철학에서 메타피직스 Metaphysics 라고 할 때의 '메타 meta-'가 '물리학 physics'을 넘어서는 차원을 지시하듯, 메타노에오 역시 통상적 사고를 넘어서는 사유의 전환을 요구한다고 이해할 수 있습니다.

이와 연관하여 현대 심리학에서 사용하는 메타인지 Metacognition 라는 용례를 떠올릴 수 있습니다. 메타인지란 '인지에 대한 인지', 곧 '생각에 대한 생각'을 뜻합니다. 이는 단지 '다르게 생각하라'가 아니라, '내가 지금 어떻게 생각하고 있는지를 의식적으로 성찰하라'는 요청입니다. 이러한 비유는 성서의 메타노에오 μετανοέω 를 해석하는 데 유익한 참고가 됩니다. 다시 말해, 회개는 '생각을 바꾸는 것' 이전에 '생각 자체를 성찰하고, 그 생각의 근원을 넘어서는 것'을 요구합니다. 곧 '생각하는 행위의 수준'이 아니라 '생각이 서 있는 자리, 기반, 지평'의 전환을 뜻합니다.

이 주제는 바울의 신학에서도 상응점을 찾을 수 있습니다. 로마서 8장에서는 '육의 생각'과 '영의 생각'이 대조됩니다. 해당 본문에서 사용되는 단어는 노에오 νοέω 가 아니라 프로네마 φρόνημα 이지만, '어떤 지향과 지배 아래 놓인 사유의 상태'라는 점에서 메타노에오와 통찰의 축을 공유합니다. 바울은 '육의 생각은 사망이요, 영의 생각은 생명과 평안'이라고 말합니다 로마서 8:6. 이 대조는 단순한 윤리적 권고를 넘어, 사유의 기반 전환을 촉구합니다. 다시 말해, 메타노에오는 '육의 사유'라는 경로에서 벗어나 '영의 사유'라는 새로운 경로로 들어가는 존재론적 이동을 지시합니다.

이제 메타 μετά 라는 접두의 작동 방식을 몇 사례를 통해 더 확증해 보겠습니다. 언어학적으로 메타 μετά 가 동사에 결합할 때, '넘어서, 옮겨, 바꾸어'와 같은 의미장이 자주 발생합니다. 예를 들면 '메타바이노 μεταβαίνω'는 '발걸음을 옮기다, 장소를 이동하다'를 뜻합니다. '메타디도미 μεταδίδωμι'는 '넘겨주다, 나누어주다'를 의미합니다. 이들 구성은 메타가 '이동, 전환, 초과'의 의미를 활성화시키는 경향을 보여 줍니다. 그러므로 메타노에오 μετανοέω 는 '사유의 장소를 옮기다', '사고의 지평을 넘어가다', '생각의 근거를 전환하다'는 뜻으로 해석될 수 있습니다. 이는 '지금까지의 생각에서 조금 더 나은 생각으로 교체한다'는 정도의 미세 조정이 아니라, '사유의 지배 구조와 출발점을 바꾸는 이동'입니다.

이 지점에서 출애굽의 상징은 탁월한 통찰을 제공합니다. 출애굽 엑소더스, ἔξοδος, Exodus 은 말 그대로 '밖으로 나감 out of'이라는 뜻을 담고 있습니다. 헬라어 구성으로는 엑스 ἐξ/ἐκ, out of 와 호도스 ὁδός, 길의 결합입니다. 곧 '지배적 경로에서 벗어남'입니다. '경로이탈!'입니다. '바로 Pharaoh 의 집'은 문자 그대로의 고대 제국의 권력일 뿐 아니라, '타자의 요구와 규범이 내면화된 사유 구조'의 상징으로 읽을 수 있습니다. 그러한 타자 지배의 길호도스, ὁδός 에서 '밖으로ἐξ' 빠져나오는 것이 출애굽이며, 성서가 말하는 회개의 본질은 이 출애굽적 전환과 구조적으로 맞닿아 있습니다. 모두가 걷는 길, 사회가 요구하는 표준 경로, 고성능 '복사기'처럼 외부의 생각을 충실히 재생산하는 경로에서 벗어나, 존재자아로 향하는 새로운 길로 들어가는 것,이것이 메타노에오 μετανοέω 의 요구입니다.

이후의 여정은 '에이스 호도스 εἰς ὁδός, into the way', 새로운 길로 '들어감'으로 설명할 수 있습니다. 엑스 ἐξ, out of 가 '벗어남'이라면, 에이스 εἰς, into 는 '들어감'입니다. 기존 경로타자의 사유 구조에서 '벗어나 ἐξ', 광야라는 과도기를 거쳐, 새로운 경로자기의 사유, 영의 사유로 '들어가는 εἰς' 과정이 곧 회개의 역동입니다. 이 상징적 지도가 가나안약속의 땅이라는 모형으로 이어지며, 결국 '하나님 나라'가 '가까이 왔다'는 선언은, 존재가 자기 자신으로 드러나고 확립되는 기쁨과 평안의 도래를 의미합니다. 회개가 단지 눈물과 후회의 도덕적 감정에 머물지 않고, 존재가 자기 자신으로 깨어나는 출애굽적 이동이라는 점이 여기서 분명해집니다.

이제 '타자자아'와 '존재자아'의 구별을 더듬어 보겠습니다. 인간은 성장 과정에서 불가피하게 '복제'를 통해 세계를 배웁니다. 부모, 교육, 문화, 전통, 권위, 멘토의 발화는 우리의 의식 안으로 유입되고, 우리는 그것을 모범적으로 재현하는 법을 익힙니다. 사회는 이를 '우등생'이라 칭찬합니다. 그러나 이 과정은 동시에 '타자에 의해 구성된 자아'를 만들어 냅니다. 타자의 생각이 내면화되어 나의 생각으로 오인되는 상태, 이것이 '타자자아'입니다. 이 자아는 사회적 적합성, 실용적 성공, 인정을 가져다줄 수 있으나, 존재의 차원에서는 공허와 불안을 남깁니다. 왜냐하면 그것이 '내가 생각하는' 것이 아니라 '내 안에서 타자가 생각하는' 것이기 때문입니다.

따라서 메타노에오 $\mu\varepsilon\tau\alpha\nu o\dot{\varepsilon}\omega$ 는 '생각 그 자체에 대한 성찰'을 통해, 내 생각이라 믿어 온 생각의 기원을 파악하고, 그 생각의 너머로 건너가는 초월을 요청합니다. 이것은 '생각의 내용 변경'만이 아니라 '사유 주체의 귀속 변경', 타자에게서 나로, 육에서 영으로라는 근본적 이동입니다. 이 이동은 로마서 8장의 말대로 '사망'에서 '생명과 평안'으로의 전환이며, 신약의 언어로는 '하나님 나라의 임박'으로 묘사됩니다.

여기서 한 걸음 더 나아가, 존재하기 $\varepsilon\tilde{\iota}\nu\alpha\iota$ 와 생각하기 $\nu o\varepsilon\tilde{\iota}\nu$

의 관계를 짚겠습니다. 고대 사유 전통에서 '존재 εἶναι'는 '있음의 드러남'이며, '생각하기 νοεῖν'는 그 존재를 드러내는 핵심 작동입니다. '남의 생각'으로 사는 동안 존재는 불안정합니다. 그러나 '나의 생각'을 할 때, 곧 타자에 의해 규정된 사유 구조를 벗어나 스스로 사고를 시작할 때, 존재는 자기 자신으로 드러나고 구별됩니다. 이 구별됨은 성서적 언어로 '거룩함'이라 부를 수 있습니다. '거룩하다'는 말은 윤리적 완벽함을 넘어, '구별됨'의 표지를 포함합니다. 타자에 의해 획일화된 사유에서 벗어나, 존재가 자기로 구별되어 서는 것, 이것이 거룩함의 한 얼굴입니다. 그러므로 회개는 거룩함으로 향하는 사유의 전환이며, 존재의 자기화 과정입니다.

이 전환은 삶의 구체 영역에서도 결정적인 함의를 가집니다. 부모와 자녀의 관계를 예로 들어 보겠습니다. 우리는 종종 '내 입장'에서 아이를 판단하지만, 그 '내 입장' 역시 전통과 사회가 내게 전수한 관점일 수 있습니다. 아이의 생각을 아이의 자리에서 관찰하고 성찰하는 일, 즉 메타인지적 태도, 이것이 바로 메타노에오의 실천적 표현입니다. 아이가 무엇을 인지하고, 무엇을 두려워하며, 무엇에 고통을 느끼는지에 대해 '생각에 대한 생각'을 할 때, 우리는 타자의 경로표준 기대치에서 벗어나 아이와의 새로운 길관계의 회복과 성숙로 들어갈 수 있습니다. 회개는 울고 후회하는 정서의 관리가 아니라, 관계를 살리는 사유의 전환입니다.

물론 이러한 경로 이탈엑스 호도스, ἐξ ὁδός, out of the way은 주변의 경고음을 불러옵니다. 사회는 '정해진 길'로 복귀하라 말하고, 관성은 우리를 다시 익숙한 틀로 끌어당깁니다. 그러나 성서가 제시하는 여정은 광야를 포함합니다. 광야는 혼돈과 공허의 시간이지만, 동시에 타자 자아를 벗겨 내고 존재 자아가 형성되는 정화의 공간입니다. 이 광야를 통과하여 '에이스 호도스 εἰς ὁδός, into the way', 새로운 길로 진입할 때, 우리는 약속의 땅, 곧 하나님 나라의 현실에 접속합니다. 그 나라는 시간의 저편에만 있는 미래가 아니라, 존재가 자신으로 깨어날 때 '가까이 오는' 현재의 현실입니다.

여기서 다시 메타노에오 μετανοέω 로 돌아가 정리해 보겠습니다. 메타노에오란:

- '생각 voέω 에 대한 생각'을 통해, 지금의 사유가 어디서 왔는지, 무엇에 지배되는지 성찰하고,

- 그 지배 구조육의 사유, 타자적 규범에서 '벗어나^{ἐξ}',
- 영의 사유, 곧 존재를 살리는 새로운 길로 '들어가^{εἰς}',
- 결과적으로 '존재 ^{εἶναι}'가 자기 자신으로 드러나는 전환입니다.

따라서 '회개하라, 천국이 가까이 왔느니라'^{메타노에이테,} μετα voεῖτε 는 명령은, '감정적 후회'의 촉구를 넘어 '사유의 기반과 방향을 바꾸라'는 요청이며, 그 결과로 '하나님 나라', 생명과 평안의 실제가 지금 여기에서 도래한다는 선언입니다.

이러한 이해는 또한 다음의 중요한 통찰로 귀결됩니다. 인간은 누구나 '생각한다 voεῖν'. 그러나 '생각한다'는 사실 자체가 존재의 안정성을 보장하지는 않습니다. 왜냐하면 많은 경우 그 생각은 '나의 생각'이 아니라 '내 안에서 타자가 생각하는 생각'이기 때문입니다. '나는 생각한다'가 참이 되려면, "나는 나의 생각을 한다"로 이어져야 합니다. 곧 타자의 생각을 재현하는 복제에서 벗어나, 영의 사유로 스스로의 말을 시작해야 합니다. 그때 비로소 존재는 '나'로 드러나며, 이는 성서적 의미의 '구원'과 직결됩니다. 구원은 타자에게 인정받는 도덕적 업적의 총합이 아니라, 존재가 자기 자신으로 깨어나는 사건입니다. 이제, 메타노에오를 둘러싼 몇 가지 오해를 정리해 보겠습니다.

1) "회개는 후회다"라는 축소는 불충분합니다. 후회는 회개에 수반될 수 있으나, 회개의 본질은 '사유 구조의 전환'입니다. 감정은 시작일 수 있으나, 전환은 구조의 문제입니다.

2) "회개는 종교 공동체로의 귀환이다"라는 협애는 한계가 있습니다. 공동체 참여가 전환 과정의 중요한 장치가 될 수는 있으나, 회개를 '세상에서 교회로 이동' 같은 공간적 이동으로 환원하는 것은 본래 의미를 흐립니다. 회개는 '타자의 지배 경로에서 벗어나는', '영의 경로로 들어가는' 내적·존재적 이동입니다.

3) "생각을 바꾸면 된다"는 발상은 얕습니다. 메타노에오는 '이 생각에서 저 생각으로'의 교환이 아니라 '생각의 근거와 지배의 전환'입니다. 도긴개긴의 선택이 아니라, 차원을 바꾸는 이동입니다.

4) '우등생의 길이 곧 생명의 길'이라는 통념은 재검토가

필요합니다. 사회적 성공은 때로 존재의 공허를 가릴 수 있으나, 공허를 치유하지는 못합니다. 존재의 평안은 영의 사유로 진입할 때만 주어집니다.

마지막으로, 회개와 언어(말하기)의 문제를 덧붙입니다. 존재가 자기 자신으로 드러나면, 말은 타자의 복제에서 벗어나 '자기 말'이 됩니다. 자기 말은 독단이나 고집과 다릅니다. 오히려 영의 사유에서 비롯된 말은 타자를 살리고 관계를 회복시키며, 현실에 생명과 평안을 불러옵니다. 그러한 말하기는 '거룩함'의 표현이며, 그 자체가 하나님 나라의 징후입니다. 그러므로 '회개하라'는 요청은 "이제 네가 너의 말로 말하라"는 것이기도 합니다. 타자의 대본에서 벗어나, 영의 사유로 전환된 존재가 자기 언어를 시작할 때, 그 순간이 바로 '천국이 가까이 온' 자리입니다.

정리하겠습니다. 메타노에오 μετανοέω 는:
- 노에오 νοέω, 생각하다의 차원을 메타 μετά, 넘어/이후/전환로 이동시키는,
- 출애굽 ἔξοδος, Exodus, out of the way 의 탈존과
- 에이스 εἰς, into 호도스 ὁδός, 길의 진입을 통해,

- 타자 자아에서 존재 자아로, 육의 사유에서 영의 사유로 건너가는
- 존재론적 전환의 사건입니다.

이 전환이 일어날 때, 성서의 언어로 '하나님 나라'가 '가까이' 옵니다. 그 나라는 다만 저 먼 하늘의 장소가 아니라, 지금 여기에서 존재가 자기 자신으로 깨어나는 사건의 이름입니다. 그러므로 회개는 울음의 의식이 아니라, 존재의 탄생입니다. 회개는 죄책감의 고행이 아니라, 자유의 시작입니다. 회개는 타자의 복제에서 벗어나, 나의 말과 나의 길을 걷는 출애굽입니다. 이 출애굽을 통하여 우리는 광야를 지나 약속의 땅으로, 사망에서 생명과 평안으로, 흑암과 혼돈과 공허에서 거룩의 빛으로 나아갑니다.

"회개하라 μετανοεῖτε. 천국이 가까이 왔느니라."

신은 죽었다

이동녘

신은 죽었다.
아니, 신은 우리 안에서 깨어났다

밖의 신을 찾던 인류는
그 초월의 대타자 앞에 무릎을 꿇었다
그 이름으로 제국이 세워지고,
그 이름으로 인간이 찢겨나갔다

예수는 단두대 위에서 선언했다
"그 신은 거짓의 아비라."
그리하여 신은 죽었고,
하늘은 무너졌으며,
빛은 안으로 향했다

그러나 사람들은 죽은 신을 묻지 않았다.
그 시신을 끌어내
성당에 안치하고, 금빛 관을 씌워
'좀비 신학'을 만들었다.
무덤의 신이 부활이라 불리고,
노예의 신이 구원의 얼굴을 썼다

칸트는 신을 죽이고 뒷문으로 살렸고,
니체는 뒷문까지 용접했다
헤겔은 의식의 틈에서 자유를 봤고,
라캉은 대타자의 가면을 찢었으며,
하이데거는 묻는다 ?
"그 물음을 누가 묻는가."

대답은 늘 안쪽에 있었다.
빛은 바깥에서 오지 않는다.
'빛이 있으라' 하신 그 말씀은
우리 마음의 새벽이었다

그러니
신의 주소를 밖에 두지 말라.
성전은 돌이 아니라 심장이다.
그 안에서만
말씀이 살고, 구원이 숨 쉰다

이제 묻자
너는 어디에 귀를 맞추고 있는가
초월의 노이즈 속에서 지직대며 살 것인가
아니면 내 안의 성전에서
하나님의 호흡과 주파수를 맞출 것인가

성인은 귀와 입과 사람으로 이루어진다
듣고, 말하고, 존재하는 자?
그가 왕이며, 그가 구원이다

종교는 신을 위하여 인간을 죽였지만,
철학은 인간을 위하여 신을 죽였다
이제 우리는 그 둘을 넘어,
신과 인간이 함께 숨 쉬는
새로운 성전의 문 앞에 서 있다

그 문은 밖이 아니라,
너의 가슴 한가운데 있다

본서는 창세기 1장 강좌가 있었던 것을 바탕으로 이뤄진 텍스트입니다. 유튜브 강좌를 참고하셔서 더 깊은 이해에 이를 수 있었으면 좋겠습니다.

김창호 TV entebiblo / https://www.youtube.com/@biblelogos

재생목록 / 원어로 읽는 창세기 1장 유튜브 강좌
창세기 1장 1강- 하늘과 땅 이야기(1절)
창세기 1장 2강 - 혼돈과 공허와 흑암의 깊음이란?
창세기 1장 3강 - 성서에서 말하는 빛이란?(3절)
창세기 1장 4강 - 윗물과 아랫물(둘째 날)
창세기 1장 5강 - 뭍이 드러나다(셋째 날)
창세기 1장 6강 - 일월성신과 징조 사시 연한(넷째 날)
창세기 1장 7강 넷째 날 큰 광명 작은 광명
창세기 1장 8강 다섯째 날 바다의 생물과 궁창의 새
창세기 1장 9강 여섯째 날 짐승과 사람
창세기 1장 10강- 여섯째 날 자칼(남자)과 네케바(여자)에 대해
창세기 1장 11강 - 일곱째 날과 안식일
01. 창세기 1장 1- 2 절 / 하늘과 땅 그리고 하나님의 신
02 창 1장 3절 빛이 있으라는 의미
03-1 창 1장 5절 낮과 밤(빛과 어두움의 원리)
03-2 창세기 1장 3절
04 혼돈(תֹהוּ)과 공허(בֹהוּ)와 흑암(חֹשֶׁךְ)의 땅
05 창세기 1장 6 / 윗물과 아래물
06 성서가 말하는 땅(אֶרֶץ 에레츠)에 대해

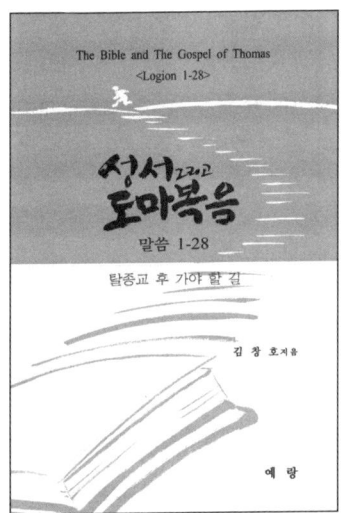

콥트어에서
직역한 성서 속 도마복음
로기온 114 해설서
"성서 그리고 도마복음"
3권 완간 !!

도서출판 예랑의 모든 도서는
전자책(e-book)으로도
만나보실 수 있습니다.

유대신비주의 카발라의
생명나무에서 얻는 지혜!
2023년 초판 발행
신국판 320쪽
도서출판 예랑
정가 22,000원

서구신학으로부터
자유로운 성서해석!
2021년 초판 발행
신국판 288쪽
도서출판 예랑
정가 15,000원

예수를 믿는 믿음에서
예수의 믿음으로
2018년 초판 발행
신국판 288쪽
열린서원
정가 15,000원
출판사를 통해 구입 가능